PRODUZENTENSTUDIE 2018

Daten zur Film- und Fernsehwirtschaft in Deutschland 2017/2018

Oliver Castendyk & Klaus Goldhammer

VISTAS

Die **Produzentenstudie 2018** wurde durchgeführt vom Forschungs- und Kompetenzzentrum Audiovisuelle Produktion der Hamburg Media School unter der Leitung von Oliver Castendyk in Kooperation mit Goldmedia, im Auftrag des Branchenverbandes Allianz Deutscher Produzenten – Film & Fernsehen e.V. sowie mit Förderung der FFA Filmförderungsanstalt, des FilmFernsehFonds Bayern, der Film- und Medienstiftung NRW, der Filmförderung Hamburg Schleswig-Holstein, der HessenFilm und Medien, des Medienboard Berlin-Brandenburg, der MFG Medien- und Filmgesellschaft Baden-Württemberg, der Mitteldeutschen Medienförderung sowie der nordmedia Film- und Mediengesellschaft Niedersachsen/Bremen.

Impressum

Bibliografische Information der Deutschen Nationalbibliothek
Die Deutsche Nationalbibliothek verzeichnet diese Publikation in der Deutschen Nationalbibliografie; detaillierte bibliografische Daten sind im Internet über: http://dnb.d-nb.de abrufbar.

Herausgeber

Autoren
Hamburg Media School: Prof. Dr. Oliver Castendyk, Juliane Müller, Christoph Witte
Goldmedia: Prof. Dr. Klaus Goldhammer, Mathias Birkel
SPIO: Wilfried Berauer

Verlag
VISTAS Verlag
Judith Zimmermann und Thomas Köhler GbR
Lößniger Straße 60b, 04275 Leipzig
Tel.: 0341 / 69 90 81 36
E-Mail: medienverlag@vistas.de
www.vistas.de

Visuelle Konzeption
Jens Steinbrenner

Infografiken, Farbdesign & Cover
Natalja Knauer
www.nakn.de

Druck
TZ-Verlag & Print GmbH, Roßdorf

ISBN 978-3-89158-650-1

INHALT

Produzentenstudie 2018

A. EINLEITUNG

A. EINLEITUNG

Was wissen wir nicht alles über die Rezeption von Filmen? Marktanteile und Zuschauerreichweiten im Fernsehen werden in Minutenabständen gemessen – differenziert nach Altersgruppen, Geschlecht und, wenn gewünscht, auch nach Haushaltseinkommen, Nationalität, Bildungsstand und so weiter. Auch an grundlegender Forschung zur Rezeption audiovisueller Inhalte mangelt es nicht: So wird z.B. das Rezeptionsverhalten selbst untersucht – von den Augenbewegungen beim Blick auf Werbung über die beste Sequenzierung von Auswertungszyklen bis hin zum optimalen Verhältnis von Popcorn- zu Ticketpreisen im Kino. Die wirtschaftlichen Kerndaten der Fernsehsender, der Kinos, der Verleih- und der Videounternehmen werden jährlich veröffentlicht: Umsätze und Mitarbeiterzahlen aller TV-Sender ebenso wie detaillierte Angaben zu Ticketverkaufszahlen, Leinwänden und Saalgrößen im Kino.

Deutlich weniger bekannt ist hingegen der Bereich, der sich der Herstellung dieser Rezeptionsinhalte widmet: die Produktionsbranche. Die erste große Studie, bei der die Eckdaten der deutschen Produktionslandschaft erhoben wurden, war eine Studie der HMR aus dem Jahr 2000 (HMR International 2000), und eine Studie des Deutschen Instituts für Wirtschaftsforschung (DIW) (DIW 2002) im Auftrag der Landesmedienanstalten von 2001. Hamburg Media School und Goldmedia veröffentlichten ihre große Studie zum Produktionsmarkt im Jahr 2012. Weil die Zahlen aus 2012 bzw. 2011 nicht mehr aktuell sind, sollen nun interessierte Öffentlichkeit, Medienunternehmen, Verbände und Politik mit aktuellen Basisdaten zur wirtschaftlichen Lage der Produktionswirtschaft versorgt werden:

- Umsätze der Gesamtbranche und Umsatzrenditeentwicklungen
- Umsatzstruktur differenziert nach Kino- und TV-Produktion
- Kinoproduktionsvolumen sowie TV-Produktionsoutput differenziert nach Auftraggebern, nach verflochtenen und unabhängigen Produktionsunternehmen sowie nach Kauf-, Eigen-, Auftrags- und Koproduktionen
- Beschäftigtenzahl und -struktur
- Rechteverteilung zwischen TV-Sendern und Produktionsunternehmen
- Finanzierung und Finanzierungsquellen
- Qualitative Standortbewertung
- Innovatives Marketing für Filmproduzenten

Diese Studie ist nicht nur eine Bestandsaufnahme, sondern sie stellt auch aktuelle wie künftige Entwicklungen dar. Sie beschäftigt sich intensiv mit der gerade stattfindenden Umwälzung von einer im Kern linearen Nutzung audiovisueller Inhalte im Fernsehen (Free- und Pay-TV) hin zu non-linearem Medienkonsum (SVoD und TVoD) und der Folgen für die Produktionswirtschaft.

Am Schluss ein riesengroßes Dankeschön: Dieses gilt zunächst den wissenschaftlichen Mitarbeitern[1] der HMS, allen voran Juliane Müller, die

1 Zwecks besserer Lesbarkeit und Verständlichkeit wird in der vorliegenden Studie auf die gleichzeitige Verwendung männlicher und weiblicher Sprachformen verzichtet. Sämtliche Personenbezeichnungen gelten gleichermaßen für alle Geschlechter.

nicht nur intensiv am Studiendesign, der Branchenerhebung sowie dem Vertexten und Redigieren beteiligt war, sondern auch die gesamte organisatorische Seite des Projektes in der Hand hatte und deshalb neben mir Projektleiterin war. Ebenfalls intensiv mitgewirkt, insbesondere bei der Datenerhebung, -aufarbeitung und -analyse sowie Sekundärdatenrecherche hat unser Wissenschaftlicher Mitarbeiter Christoph Witte. Auf Seiten von Goldmedia danke ich meinem alten Mitstreiter bei der Produzentenstudie 2012, Klaus Goldhammer, für seine Projektleitung auf Goldmedia-Seite, und Mathias Birkel für seinen unschätzbar wichtigen Input im VoD-Kapitel. Wie immer, war auch die SPIO-Wissenschaftsabteilung, verkörpert in Wilfried Berauer, ein verlässlicher Partner und Datenlieferant.

Der große mit einer solchen Studie verbundene Aufwand kostet nicht nur Zeit und gelegentlich Nerven, sondern vor allem auch Geld. Wir danken deshalb ebenso herzlich den Filmförderinstitutionen aus Bund und Ländern – FFA Filmförderungsanstalt, FilmFörderFond Bayern, Film- und Medienstiftung NRW, Filmförderung Hamburg Schleswig-Holstein, HessenFilm und Medien, Medienboard Berlin-Brandenburg, MFG Medien- und Filmgesellschaft Baden-Württemberg, Mitteldeutschen Medienförderung und nordmedia Film- und Mediengesellschaft Niedersachsen/Bremen – sowie der Allianz Deutscher Produzenten – Film & Fernsehen e.V. für ihre finanziellen Beiträge, ohne die diese Studie nicht hätte durchgeführt werden können.

Berlin, Dezember 2018
Oliver Castendyk

B. EXECUTIVE SUMMARY

B. EXECUTIVE SUMMARY

Für den eiligen Leser sind hier die wesentlichen Ergebnisse der Studie zusammengefasst:

B.I. Anzahl der Produktionsunternehmen

Wie viele Produktionsunternehmen sind auf dem deutschen Markt tätig?
- Etwa 900 Unternehmen gehören zum klassischen Produktionsmarkt, von denen etwa zwei Drittel TV-Produzenten und ca. ein Drittel Kinofilmproduzenten sind. Die verbleibenden 1.300 verteilen sich auf Werbe-, Image- und Industriefilmproduzenten, EB-Team-Unternehmen sowie Dienstleisterproduzenten

B.II. Umsätze im deutschen Produktionsmarkt

In welcher finanziellen Größenordnung bewegt sich der deutsche Produktionsmarkt und wie verteilen sich die Summen?
- Der Gesamtumsatz der Produktionsbranche lag 2017 bei rund 4,9 Mrd. EUR (ohne Förderung). Bei einer seit 2011 durchschnittlichen Wachstumsrate von ca. 1,6 % ist der Markt insgesamt stabil, aber weist keine größere Wachstumsdynamik auf. Obwohl der Output an hergestellten Programmminuten gestiegen ist, stagnieren die Umsätze, wenn man die Preissteigerungen berücksichtigt. Dies ändert sich, wenn man Teilmärkte betrachtet:
- Der Umsatz mit TV-Produktionen ist gegenüber 2011 gestiegen auf 2,45 Mrd. EUR; der Umsatz der Kinoproduzenten stagnierte bei 0,54 Mrd. EUR.
- Im Vergleich ist in Großbritannien die Entwicklung zuletzt genau gegenläufig: Während die TV-Produktionsunternehmen leichte Umsatzverluste hinnehmen mussten, hat sich der Umsatz der Kinofilmproduzenten mehr als verdoppelt.
- Der Grund der britischen Wachstumsdynamik bei der Kinofilmproduktion wird deutlich, wenn man die Zahl der Produktionen mit Her-

Bild 1: *Sturm der Liebe*, Bavaria Fiction / ARD, Foto: Christof Arnold

Bild 2: *Liebe auf Sibirisch* (2018), Doppelplusultra Film + TV, Foto: Olga Delane

stellungskosten von mehr als 30 Mio. EUR betrachtet. Sie sind seit 2012 von 10 auf 29 gestiegen, in Deutschland in der gleichen Zeit von drei Produktionen auf eine gefallen.
- Wichtigster Partner der deutschen Film- und TV-Produktionsunternehmen waren 2017 die Landesrundfunkanstalten mit rund 770 Mio. EUR, es folgen ZDF und RTL-Gruppe mit jeweils fast 600 Mio. EUR gleichauf, wiederum gefolgt von ProSiebenSat.1 in der Größenordnung von 400 Mio. EUR.
- Der Anteil der privaten Sender am TV-Produktionsvolumen hat sich von 38 % auf 48 % erhöht. Ihre Rolle als Auftraggeber ist wichtiger geworden.
- Die meisten Landesrundfunkanstalten geben Produktionen überwiegend bei Produzenten in Auftrag anstatt sie selbst zu produzieren. Dies gilt insbesondere für die Fiction und TV-Unterhaltung. Mit einem Auftragsvolumen von nur 1,9 Mio. EUR und 2 % des Programmvolumens (gerechnet in Minuten) ist der Hessische Rundfunk eine besondere Ausnahme in der ARD.
- Sowohl bei Kino- als auch bei TV-Produktionen werden nur kleine Teile der Umsätze mit der Auswertung der Programme im Ausland erzielt. Der Anteil ist von 11 % auf 7 % geschrumpft. Im Vergleich dazu sind die Exportanteile bei der französischen und britischen Konkurrenz zum Teil deutlich gestiegen.

B.III. Umsatzrenditen

Wie haben sich die Gewinnmargen entwickelt?
- Die Gewinnsituation der deutschen Produktionsunternehmen hat sich verbessert. Der Anteil von Unternehmen mit einer negativen und prekären Umsatzrendite hat sich verringert, der Anteil der Unternehmen mit einer Umsatzrendite zwischen 5 % und 10 % hat sich vergrößert. Bei den großen Unternehmen mit Umsätzen von mehr als 25 Mio. EUR liegen allerdings die Umsätze überwiegend (ca. 70%) unterhalb von 5%. Nach wie vor liegen die durchschnittlichen Renditen der privaten TV-Sender weit vor denen ihrer produzentischen Auftragnehmer.

B.IV. Produktionsvolumen

Wie viel wurde im Jahr 2017 hergestellt?

Kinofilmproduktionsvolumen:

- Die Zahl der in Deutschland veröffentlichten Kinofilme ist seit 2007 von 172 auf 247 gestiegen, seit 2012 liegt die Zahl der rein deutschen Spielfilme bei rund 80 Produktionen, die Zahl der Dokumentationen ist in der gleichen Zeit von 87 auf 106 gestiegen. Die steigende Zahl von Filmstarts führt angesichts gleichbleibender Aufnahmekapazitäten (Leinwände) der Kinos und leicht verringerter Ticketverkäufe dazu, dass die Chancen eines Films, vom Kinopublikum wahrgenommen zu werden und sich im Kino zu refinanzieren, gesunken sind.

TV-Programme („Output") im Verhältnis von Eigen- und Auftragsproduktion:

- Der Output in Deutschland produzierter TV-Programme ist von 800.000 (2011) auf fast 900.000 Minuten (2017) gestiegen. Während sich bei den öffentlich-rechtlichen Sendern die Nachfrage wenig geändert hat, verschob sich bei ProSiebenSat.1 das Verhältnis von Auftrags- zu Eigenproduktionen (inhouse bzw. Tochterunternehmen), während es sich bei der RTL-Gruppe in die andere Richtung verschob.
- Bei der ARD ist der Anteil der Eigenproduktionen vom Gesamterstausstrahlungsvolumen deutschen Programms traditionell sehr hoch. Er liegt zwischen 98 % (HR) und 64 % (WDR).
- Im Vergleich der öffentlich-rechtlichen mit den privaten Sendern liegen Letztere in Bezug auf das Produktionsvolumen in Minuten vor und hinsichtlich des Umsatzes hinter der öffentlich-rechtlichen Konkurrenz. Dies liegt daran, dass private Sender in größerem Umfang Daytime-Programme in Auftrag geben als die Rundfunkanstalten.
- Differenziert man nach Genre zeigt sich, dass fiktionale Programme deutscher Produzenten vor allem von ARD und ZDF ausgestrahlt

Bild 3: *HERRliche Zeiten* (2018), Molina Film in Koproduktion mit TMG Tele München Gruppe, Foto: Wolfgang Ennenbach

werden, während der Schwerpunkt der privaten Sender bei TV-Entertainment liegt.

B.V. Die größten Produktionsunternehmen und die Entwicklung der Marktkonzentration

Welche Struktur hat der Markt? Gibt es viele kleine und wenige große Firmen? Wer sind die ganz großen Player?

- Bei den zehn umsatzstärksten Produktionsunternehmen hat sich die Rangfolge bei den ersten fünf Plätzen nicht geändert. Auf den Plätzen sechs bis zehn gibt es Zugänge (Beta Film und Warner Bros.) und Abgänge (Brainpool und ndf). Von den Top 10 sind sieben Unternehmen mit Sendern verflochten. Im Falle der Constantin, der ITV-Gruppe und der Beta Film allerdings nur mit Rundfunkveranstaltern, die keine nennenswerten Nachfrager auf dem deutschen TV-Produktionsmarkt sind. Alle Top-10-Produktionsunternehmen sind konzernzugehörig und mit vertikal oder horizontal integrierten Medienunternehmen verflochten. Vergleicht man die Marktkonzentration in Deutschland mit Großbritannien, fällt auf, dass in Großbritannien besonders viele Tochterunternehmen internationaler Medienkonzerne zu den Top 20 gehören. Auch dies zeigt die geringere Internationalität des deutschen TV-Marktes.
- Die Marktkonzentration ist insofern leicht gestiegen als der Umsatzmarktanteil der Top-25-Unternehmen seit 2010 von 49 % auf 55 % (2016) gestiegen ist. Gerechnet nach Output in Minuten liegt der Anteil der Unternehmen, die mit deutschen TV-Sendern verflochten sind, unter dem der konzernverbundenen Unternehmen. Im Vergleich mit anderen Branchen ist der Umsatzmarktanteil der Top 25 am Gesamtmarkt immer noch gering.
- Der Auftragsanteil von konzerneigenen Produzenten ist bei ProSiebenSat.1 im Vergleich zu 2011 deutlich gestiegen. Jedoch liegt er immer noch hinter RTL-Gruppe, ZDF und ARD.

B.VI. Kostenentwicklung und -zusammensetzung

Wo liegen aktuell die durchschnittlichen Herstellungskosten von Programmen für Kino und Fernsehen und wie haben sie sich entwickelt?

- Die durchschnittlichen Herstellungskosten eines deutschen Kinofilms (ohne deutsch-ausländische Koproduktionen) liegen bei 2,8 Mio. EUR.
- Die TV-Programmkosten pro Minute sind seit 2011 bei fiktionalen Formaten – TV-Movies und Serien (ohne Daily Soaps) – gestiegen und bei non-fiktionalen Formaten – TV-Entertainment und Reportagen/Magazine/Dokumentationen – gefallen. Die Unterschiede zwischen Produktionen und Unternehmen sind dennoch groß. Dies deutet neben der Minutenpreisentwicklung auf starke Konkurrenz und fortbestehenden Effizienzdruck hin.

B.VII. Finanzierung

Von wem stammen die Gelder, wenn in Deutschland ein Kinofilm produziert wird? Und wie sieht die Finanzierungsstruktur bei TV-Produktionen aus?

- Der durchschnittliche Förderanteil (bei geförderten Filmen) liegt bei 45 % und hat sich leicht erhöht. Den Finanzierungsanteil der Sender am gesamten deutschen Produktionsvolumen liegt 2017 insgesamt bei 11 % und damit gegenüber 2011 fast unverändert. Betrachtet man nur die Produktionen, an denen ein Sender beteiligt ist (55 % der Projekte), dann ist der Anteil jedoch von durchschnittlich 27 % (2011) auf 20 % (2017) gesunken. Die Streuung ist allerdings sehr hoch; sie reicht von Anteilen von 3 % bis 39 %.
- Der Anteil teilfinanzierter Produktionen ist bei der ARD leicht gestiegen. D.h., es ist eine Tendenz erkennbar, dass die ARD stärker bereit ist, den Produzenten mitfinanzieren zu lassen und ihm dafür eigene Refinanzierungsmöglichkeiten zu eröffnen. Auch wenn vertraglich eine Vollfinanzierung (vollständige Übernahme der Herstellungskosten vom Auftraggeber) vereinbart wurde, wurden aus Sicht der Befragten nicht in allen Fällen die Herstellungskosten komplett vom Sender getragen. Dabei ist der Kalkulationsrealismus der privaten TV-Sender in der Stichprobe trotz der Selbstverpflichtungserklärungen von ARD und ZDF immer noch höher als der der öffentlich-rechtlichen Auftraggeber.
- Dennoch gibt es Beispiele einer aus Produzentensicht positiven Bewegung. So sind bei der ARD die Budgets für *Tatort*-Produktionen merklich gestiegen.

Bild 4: *Megatrends im Dialog* (2018), INTER/AKTION / ARD, Foto: Werner Kiefer

B.VIII. Rechte- und Erlösverteilung

Erhält der TV-Sender immer alle Verwertungsrechte?

- Der Rechte-Buy-Out ist im TV-Bereich zwar immer noch der Normalfall. Allerdings ist er im Vergleich zu 2011 auf dem Rückzug: Bei den privaten Sendern liegt der Anteil der Buy-Out-Produktionen nur noch bei 67 %, bei den öffentlich-rechtlichen bei 82 %.
- Bei den Erlösansprüchen haben die öffentlich-rechtlichen Auftraggeber die privaten überholt: 38 % der Produktionen für die Öffentlich-Rechtlichen im Verhältnis zu 29 % der Produktionen für die Privaten generieren Ansprüche auch für die Produzenten. Betrachtet man die tatsächlichen ausgezahlten Summen, egalisiert sich das Verhältnis.

B.IX. Beschäftigte

Wie viele Beschäftigte zählt die Filmproduktionsbranche und wie ist die Mitarbeiterstruktur des Marktes?

- In der Filmproduktionsbranche waren im Juni 2017 rund 28.000 Mitarbeiter beschäftigt, davon 88 % sozialversicherungspflichtig. Im Vergleich zum Juni 2010 ist die Zahl der sozialversicherungspflichtig Angestellten um fast 10 % auf rund 24.800 gestiegen. Sie liegt damit auf einem Rekordhoch.
- Insgesamt kommen die Kino- und TV-Produktionsunternehmen auf ca. 37.000 Mitarbeiter, von denen ca. ein Viertel freie Mitarbeiter sind. Der Anteil der Selbstständigen ist im Kinoproduktionsbereich höher.
- Der Männer- und Frauenanteil unter den sozialversicherungspflichtig Beschäftigten liegt bei jeweils 50 %.
- Produzenten orientieren sich überwiegend an den Vorgaben des Tarifvertrags zu Arbeitszeit und Mindestvergütungen. Das gilt besonders, aber nicht nur für die tarifgebundenen Arbeitgeber. Kinofilmproduzenten beachten diese Vorgaben stärker als TV-Produzenten.

B.X. Marktveränderungen durch neue Nachfrager

Wie haben die neuen Nachfrager den Produktionsmarkt verändert?

- Der VoD-Markt wächst in allen Dimensionen: Umsätze, Abonnentenzahlen, Reichweiten, Zeitanteile täglicher Nutzung usw. In der Altersgruppe 14 bis 29 Jahre liegt die VoD-Nutzung inzwischen deutlich vor der linearen TV-Nutzung. Eine ähnliche Entwicklung zeichnet sich auch bei den 30- bis 49-Jährigen ab.
- Haupttreiber des Wachstums sind die SVoD-Anbieter insbesondere Netflix, Amazon mit Prime Video und Sky, sowie, wenn auch in geringerem Maße, die Mediatheken der deutschen Free-TV-Sender.
- Bei den SVoD-Anbietern sind Serien die am häufigsten gesehenen Inhalte. Unter den 15 meistgesehenen Pay-VoD-Serien im zweiten Quartal 2018 in Deutschland gab es keine deutsche Serie. Im Gesamtjahr 2017 gehörte jedoch *Babylon Berlin* zu den meistgesehenen Serien bei Sky Ticket und Sky Go, und mit *You Are Wanted* war

unter den Top-10-Titeln bei Prime Video ebenfalls eine deutsche Produktion.
- Für SVoD-Anbieter spielt die Zuschauerreichweite (anders als beim werbefinanzierten Free-TV) eine geringere Rolle als die Frage, wie Abonnenten gewonnen und gehalten werden können. Aus diesem Grund sind deutsche Serien für die Bindung deutschsprachiger Kundengruppen sehr interessant. Zukünftig müssen sie auch die von der EU vorgegebene Quote von 30 % europäischem Programm einhalten.
- Das Umsatzvolumen der SVoD-Veranstalter, das im Jahr 2017 an deutsche Produktionsunternehmen ging, betrug rund 150 Mio. EUR. Für 2018 erwarten wir nochmals eine deutliche Steigerung dieses Umsatzvolumens. Dies hat zur Folge, dass im Bereich der hochwertigen Fiction-Produktion, die Top-Performer sehr nachgefragt werden, was derzeit die Preise, z.B. bei den Drehbuchautoren, stark nach oben treibt. Betrachtet man nicht nur Produktionsvolumina, sondern auch das Volumen von Lizenzverkäufen, liegen Sender wie ZDF und WDR als Lizenzgeber von Prime Video und Netflix deutlich vor den deutschen Produktionsunternehmen.
- Aufgrund des SVoD-Booms schätzen wir die kurzfristigen Marktchancen der deutschen Produktionsunternehmen als gut ein. Dies gilt besonders für mittlere und große Unternehmen, die einen positiven Track Record bei hochwertiger Fiction aufweisen können. Mittelfristig könnte sich die De-Linearisierung negativ auf die Werbeerlöse und damit letztlich auch auf das Auftragsvolumen der privaten deutschen Free-TV-Sender auswirken.

B.XI. Influencer-Marketing in der Filmproduktion

- Innerhalb weniger Jahre hat sich der Bereich des Influencer-Marketings zu einer professionalisierten Industrie entwickelt. Bis zum Jahr 2020 erwarten wir, dass der Markt auf eine Größe von mehr als

Bild 5: *Arthurs Gesetz* (2018), good friends Filmproduktion / TNT Comedy und EntertainTV, Foto: Hendrik Heiden

800 Mio. EUR monetären und nicht-monetären Umsatzes anwachsen wird und damit das Volumen von einem Sechstel des in Deutschland durch Fernsehwerbung generierten Umsatzes erreicht. In diesem Zuge wird sich die Zusammenarbeit mit einflussreichen Online-Testimonials in Social-Media-Marketingstrategien auch für Filmproduktionen weiter entwickeln.

B.XII. Standortvergleich

Wie werden die größten Standorte Deutschlands – Berlin, Hamburg, Köln und München – von den deutschen Produzenten bewertet und wie sind sie hinsichtlich der Kriterien Beschäftigung und Output zu klassifizieren?

- Gerechnet nach Produktionsvolumina sowohl auf Basis von Minuten als auch Umsätzen, liegt NRW vor Bayern, Berlin und Hamburg. Auf Basis von Umsätzen liegen hingegen Bayern und NRW fast gleichauf. Betrachtet man nur den Bereich Kinofilmproduktion, hat Berlin die Nase vorn.
- Bei der Zahl der Arbeitsplätze (gemessen an den sozialversichungspflichtig Beschäftigen) hat NRW einen Vorsprung von rund 1.500 vor Bayern und dieses Bundesland mit 1.700 Beschäftigten vor Berlin/Brandenburg.
- Die Rangfolge der Indikatoren bei der Standortbewertung hat sich seit 2011 nicht geändert: Verfügbarkeit qualifizierten Personals, produktions- und (verkehrs-) technische Infrastruktur sowie Personal- Miet- und Lebenshaltungskosten sind unseren Befragten für die Standortbewertung am wichtigsten gewesen.
- Vergleicht man die Standorte nach allen von uns abgefragten Indikatoren liegt Berlin in beiden Fällen vor den anderen Standorten, vor München nur knapp.
- Allerdings fällt auf, dass sich alle vier Standorte aus Sicht der Befragten bei den wichtigsten Indikatoren verschlechtert haben. Vor allem was die Personalverfügbarkeit, die Produktionsinfrastruktur und die Kosten anbelangt wurden alle Standorte durchgängig niedriger bewertet als noch vor sechs Jahren.

Produzentenstudie 2018

C. DIE AUDIOVISUELLE PRODUKTIONSWIRTSCHAFT

C. DIE AUDIOVISUELLE PRODUKTIONSWIRTSCHAFT

Oliver Castendyk

Diese Studie untersucht die audiovisuelle Produktionswirtschaft, also denjenigen Zweig der Medienindustrie, bei dem die Herstellung audiovisueller Programme im Vordergrund steht.

Dies setzt zunächst bewegte Bilder, in der Regel in Kombination mit Ton, voraus. Diese werden heute „Filme" genannt, selbst wenn sie in digitaler Technik aufgezeichnet sind und nicht mehr auf Filmrollen. Der Begriff „Film" wird hier weiter gefasst als der Kinofilm. Er umfasst jede Form audiovisueller Programme (ohne digitale Spiele).

Der Begriff „Spielfilm" (mit einer gespielten und keiner tatsächlichen Handlung) steht im Gegensatz zum Dokumentarfilm; das entspricht dem Gegensatz von Fiction und Non-Fiction, nicht aber dem Gegensatz Kino- und Fernsehfilm. Mit „Filmhersteller" ist nicht nur der Hersteller eines Kinofilms gemeint, sondern auch ein Hersteller von Fernseh-, Web-, Werbe-, Image-/Industriefilmen, einschließlich weitererer audiovisueller Inhalte wie Multiplattform-, 360°- oder VR/AR-Filmen. Dem entspricht auch der weite Begriff des „Filmherstellers" im Urheberrecht (§ 94 UrhG), der weder nach Genres, noch nach Auswertungsformen, noch nach fiktionalen oder non-fiktionalen Plots unterscheidet. In der Studie werden die Produktionsunternehmen audiovisueller Programme deshalb auch als „Filmhersteller", „Hersteller audiovisueller Produktionen" oder „Produzenten" bezeichnet.

Die audiovisuelle Produktionswirtschaft ist Teil der Filmindustrie (bzw. Filmwirtschaft), die Herstellung, Handel und Endkundenplattformen (wie Kinos, Pay-TV etc.) für Filme (audiovisuelle Produktionen) umfasst (Goldmedia / HMS / DIW 2017: 23f).

Bild 6: *Simpel* (2017), LETTERBOX FILMPRODUKTION in Koproduktion mit C-Films, Amalia Film und ZDF, Foto: Gordon Timpen

C.I. Produktionsunternehmen im engeren und weiteren Sinne

Bei den audiovisuellen Produktionsunternehmen unterscheiden wir zwei große Teilgruppen: die „klassischen Produzenten" und die „Produzenten im weiteren Sinne". Zur ersten Gruppe gehören der TV-Auftragsproduzent und der Kinofilmhersteller, zur zweiten Gruppe Produzenten, die überwiegend als Dienstleister, Zulieferer oder unechte Auftragsproduzenten agieren.

Für die Einordnung eines Produktionsunternehmens in die Gruppe der klassischen Produzenten kommt es darauf an, ob es „die notwendigen Entscheidungen als Unternehmer – insbesondere durch den Abschluss der entsprechenden Verträge als Vertragspartner – in die Tat umsetzt und ihre wirtschaftlichen Folgen verantwortet" (BGH NJW 1993, 1470, 1471 – „Filmhersteller"). Das Unternehmen muss also die wirtschaftliche Verantwortung (und das entsprechende Risiko) tragen und den Herstellungsprozess organisieren und steuern. Nur diesen klassischen Filmherstellern steht dann auch ein eigenes Leistungsschutzrecht (§ 94 UrhG) zu.

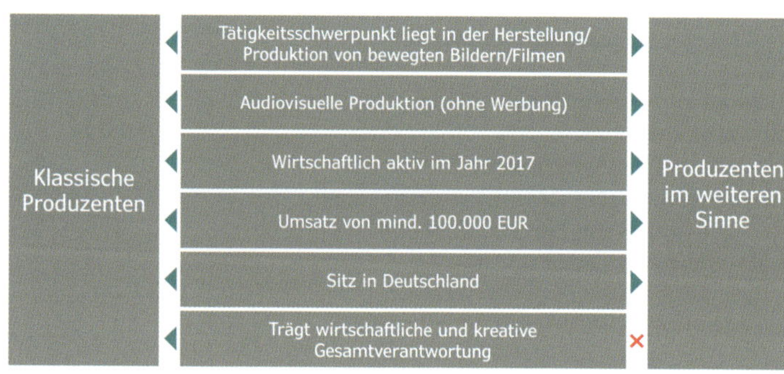

Abbildung 1: Abgrenzung zwischen klassischen Produzenten und Produzenten im weiteren Sinne
Quelle: Eigene Darstellung der HMS.

Zu den Produzenten im weiteren Sinne gehören z.B. Dienstleisterproduzenten: Unternehmen, die Sender bei ihren Eigenproduktionen unterstützen, etwa Unternehmen, die die Sportberichterstattung eines TV-Senders als Dienstleister und Produzent begleiten. Mit Ausnahme der Moderatoren steuern derartige Unternehmen alle wesentlichen Leistungen bei, die eine Berichterstattung benötigt: Studios, Kameras, Licht, Personal und technische Übertragungskapazitäten. Für die Entstehung tragen sie eine Teilverantwortung. Obwohl diese Dienstleisterproduzenten somit viele Eigenschaften mit den klassischen Auftragsproduzenten gemein haben, rechnen die Sender diese Produktionen zu ihren Eigenproduktionen[2] und sehen den Produzenten eher als Dienstleister.

2 Da die Dienstleisterproduzenten das Endprodukt nicht selbst verantworten, erwerben sie keine Leistungsschutzrechte. Folgerichtig werden ihre Leistungen mit 19 % USt. versteuert. Die Grenze im Einzelfall ist mitunter schwer zu ziehen.

Klassische Produzenten	Produzenten im weiteren Sinne
• Kinofilmproduzenten • TV-Produzenten	• Werbefilmproduzenten • Imagefilmproduzenten • Industriefilmproduzenten • Dienstleisterproduzenten • Visual Effects • EB-Teams

Abbildung 2: Kategorisierung der Produzenten
Quelle: Eigene Darstellung der HMS.

Auch EB-Teams[3] liefern – wenn auch kurze – Programmbeiträge, etwa zu einer Nachrichten- oder Magazinsendung. Sie können als Unternehmer (als selbstständige Mitarbeiter) oder als Unternehmen (z.B. als GmbH) organisiert sein. Sie ähneln den Dienstleisterproduzenten, denn sie werden in der Regel für ihre Zulieferung und nicht für die Herstellung eines eigenständigen Werkes honoriert. Die Gesamtverantwortung für die Produktion trägt der auftraggebende TV-Sender, der die entsprechenden Produktionen, die aus dem Material der EB-Teams geschnitten werden, folgerichtig auch als ihre Eigenproduktionen kennzeichnet. Allerdings sind die Grenzen fließend und hängen vom Leistungsumfang in jedem Einzelfall ab. In der Produktionsbranche werden EB-Teams nicht als Produktionsunternehmen angesehen, auch dann nicht, wenn sie als Unternehmen und nicht als selbstständige Mitarbeiter auftreten.[4]

Werbe-, Image- und Industriefilmhersteller werden umsatzsteuerrechtlich in der Regel wie Dienstleister behandelt und mit 19 % besteuert.[5]

Von wirtschaftlich aktiven Produktionsunternehmen wird in der Produzentenstudie 2012 erst ab einem bestimmten jährlichen Mindestgesamtumsatz gesprochen. Hauptzweck der Umsatzschwelle ist es, selbstständige Mitarbeiter bei TV-Eigenproduktionen der Sender von klassischen Produktionsunternehmen abzugrenzen. Als Umsatzgrenze haben wir einen Jahresumsatz von 100.000 EUR definiert (siehe Kapitel Durchführung und Methodik der Studie). D.h., zur Grundgesamtheit der audiovisuellen Produktionsunternehmen in der Studie gehören nur diejenigen Unternehmen, die im Unterschungszeitraum 2017 einen entsprechenden Mindesumsatz erreicht haben.

3 In der Regel besteht ein EB-Team (EB = elektronische Berichterstattung) aus zwei Personen, dem EB-Kameramann und dem EB-Assistenten, der für den Ton, aber auch für Kameraassistenz und Equipment zuständig ist. Ein EB-Team arbeitet mit Realisatoren, z.B. einem Redakteur eines TV-Senders, zusammen. Der Redakteur steuert die inhaltliche Aussage der Produktion. Das EB-Team trägt die organisatorische Verantwortung für den Dreh und für das Überschreitungsrisiko, wenn ihre Leistung vom Auftraggeber mit einem Festpreis bezahlt wird. Ihre Leistung kommt dem eines klassischen TV-Auftragsproduzenten schon sehr nahe, allerdings fehlt das Element der inhaltlich-kreativen Kontrolle.

4 EB-Teams setzten deshalb ihre Leistungen lange Zeit mit 19 % Umsatzsteuer an. Seit der Entscheidung BGH GRUR 2014, 363, 367 – „Peter Fechner“ und dem daraus die steuerrechtlich richtigen Schlüsse ziehenden Urteil des Finanzgerichts Schleswig-Holstein, FM SH v. 27.06.2011 7-358-S-72-40-051, Beck Verw. 251150., werden zunehmend 7 % USt. üblich.

5 Bei Werbefilmproduzenten gibt es keinen Grund, sie anders zu behandeln als TV- und Kinofilmproduzenten. Denn auch sie übertragen im wirtschaftlichen Schwerpunkt Nutzungsrechte (für die Auswertung der Werbefilmproduktion in allen Medien). Dass sie dennoch immer noch i.d.R. 19 % Umsatzsteuer auf ihre Leistungen berechnen, könnte damit zusammenhängen, dass früher ihre Auftraggeber als Filmhersteller galten. Inzwischen aber werden sie rechtlich als Filmhersteller angesehen zugeordnet.

C.II. Kreative Produzenten

Klassische Produzenten beteiligen sich neben ihrer organisatorischen und wirtschaftlichen Tätigkeit auch aktiv am kreativen Prozess der Filmerstellung. Dies bestätigt unsere Studie, in der 87 % der Befragten eine sehr hohe oder hohe kreative Mitwirkung für sich in Anspruch nahmen. Bei diesen 87 % handelte es sich fast ausschließlich um TV- und Kinofilmproduktionsunternehmen.[6]

Das Ergebnis stimmt mit dem einer internen Befragung der Produzentenallianz aus dem Jahr 2010 überein, in der der empirisch erhobene Wert (der hohen und sehr hohen) kreativen Beteiligung der Produzenten bei 85,7 % lag. Aus dieser Untersuchung ging auch hervor, dass der kreative Anteil vor allem in der Entwicklungs- und der Postproduktionsphase einer Filmproduktion besonders hoch ist (Schwarz / Hansen: 109ff). Die kreative Verantwortung für das Endprodukt tragen die Produzenten auch vertraglich; denn in der Regel nehmen sie die Beiträge der kreativ Mitwirkenden ab. Produzenten entscheiden in der Regel über den sogenannten „final cut" (die zur Veröffentlichung bestimmte Endfassung des Films) und nicht Regisseure, Kameraleute oder Filmeditoren.

Selbst wenn die Produzenten ihren kreativen Beitrag überschätzen sollten, ist ihre Selbsteinschätzung jedenfalls ein Indiz dafür, dass das Bild des Organisators und Geldgebers, auf die Spitze getrieben: im Klischee des älteren Herrn mit Zigarre, nicht mehr zeitgemäß ist.

C.III. Größe der Produktionsbranche: Anzahl und Verteilung der Unternehmen

Startet man mit der Umsatzsteuerstatistik des Statistischen Bundesamtes, dann haben 2016 im Wirtschaftszweig 59.11 (Herstellung von Filmen, Videofilmen und Fernsehprogrammen) insgesamt 4.409 Steuerpflichtige eine Umsatzsteuervoranmeldung eingereicht. Von diesen 4.409 Unternehmen bzw. Selbstständigen haben 2.192 Unternehmen einen Umsatz von mehr als 100.000 EUR und sind damit wirtschaftlich aktive Unternehmen im vorstehend definierten Sinne. Nach unserer Re-

Abbildung 3: Unternehmensstruktur der deutschen Produktionsbranche (2017)
Quelle: Eigene Darstellung der HMS.

6 Bei Werbefilmproduktionen ist dies eher der Regisseur und die Werbeagentur (Castendyk 2016: 12).

cherche gehören rund 900 Unternehmen zu den klassischen Produktionsunternehmen von Fernseh- und Kinofilmproduzenten.

Bei nahezu zwei Dritteln besteht das Hauptgeschäft in der Herstellung von Fernsehprogrammen, bei etwas mehr als einem Drittel liegt der Umsatzschwerpunkt im Bereich der Kinofilmproduktion.[7]

Die restlichen in der Umsatzsteuerstatistik gezählten 1.300 Unternehmen mit einem Umsatz von über 100.000 EUR im Jahr dürften nach unserer Einschätzung Produzenten im weiteren Sinne sein. Zu ihnen gehören Image-, Werbe- und Industriefilmproduzenten, Dienstleisterproduzenten sowie grundsätzlich auch EB-Teams. Aufgrund der hoch angesetzten Umsatzschwelle von 100.000 EUR wird jedoch nur ein Teil der EB-Teams bei den Produzenten im weiteren Sinne vertreten sein.[8]

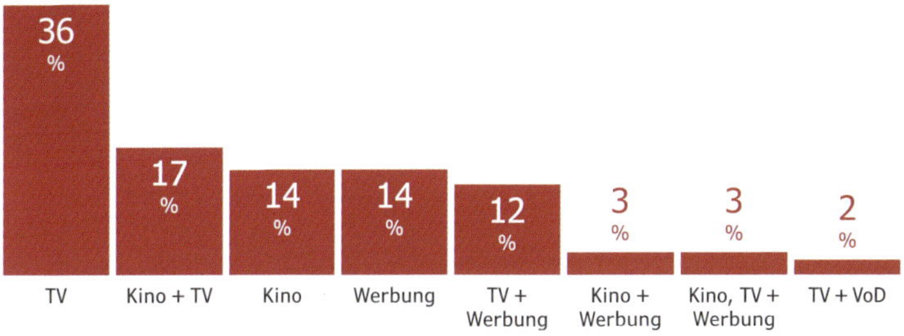

Abbildung 4: Tätigkeitsbereiche der Produktionsunternehmen (2017, unternehmensbezogen)
Quelle: Branchenumfrage der HMS. Frage: „In welchen Bereichen haben Sie 2017 Ihren Gesamtumsatz erzielt?“.

C.IV. Differenzierung nach Tätigkeitsbereichen

Die Produktionsunternehmen in unserer Stichprobe sind ohne die sonstigen Unternehmen, die vor allem dem Bereich der Produzenten im weiteren Sinn zuzuordnen sind, zu 36 % reine TV-Produzenten, 17 % produzieren Kino- und TV-Programme, 12 % Werbung und TV-Programme. Diese Verteilung ist möglicherweise auch stichprobenbedingt, zeigt aber zumindest, dass Produktionsunternehmen, die nicht oder nicht nur für das Fernsehen produzieren, keinen Ausnahmefall darstellen.

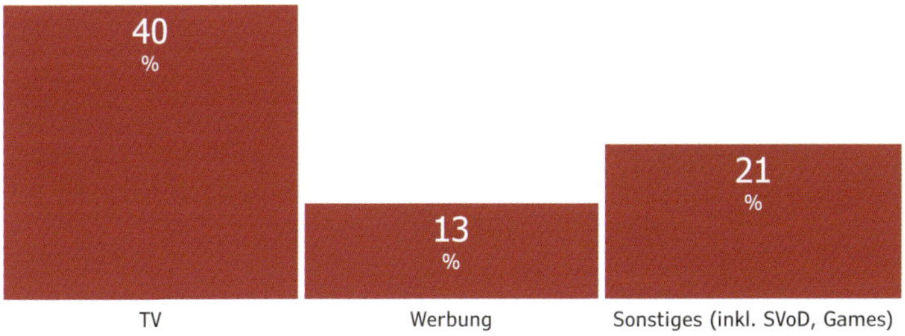

Abbildung 5: Tätigkeitsbereiche der Kinofilmproduzenten (2017, unternehmensbezogen, nach Anzahl der Nennungen)
Quelle: Branchenumfrage der HMS. Frage: „In welchen Bereichen haben Sie 2017 Ihren Gesamtumsatz erzielt?“ Anmerkung: Die Tätigkeitsbereiche überschneiden sich teilweise.

7 Das FORMATT-Institut geht von einer ähnlichen Größenordnung von in 2016 aktiven klassischen Produzenten aus: 815 Produktionsbetriebe (FORMAT-Institut 2018: 24).

8 Das jährliche Durchschnittseinkommen von EB-Teams liegt üblicherweise unterhalb von 100.000 EUR und erreicht häufig (auf ein Stundenhonorar für den selbstständigen Kameramann gerechnet) nicht die Schwelle des Mindestlohns (vgl. Reinschl 2018).

Fragt man allein die Kinofilmproduktionsunternehmen[9], welche Inhalte sie produzieren, zeigt sich, dass immerhin 40 % neben Kinofilmen auch TV-Programme herstellen, also ein durchaus relevanter Anteil.

C.V. Marktabgrenzung

C.V.1. Horizontale Marktabgrenzung

Wollte man den Filmproduktionsmarkt horizontal von anderen Medienproduktionsmärkten abgrenzen, würde er z.B. neben der Musik- und der Buchproduktion stehen.

Abbildung 6: Horizontale Marktabgrenzung
Quelle: Eigene Darstellung der HMS.

Allerdings werden Produktionsmärkte bei Gesamtübersichten, etwa in der Klassifizierung der Kultur- und Kreativwirtschaft (BMWi 2017: 3), als Teile einer Branche gesehen, zu der auch der Bereich des Vertriebs und der Endkundenplattformen gehört. Die Musikproduktion ist beispielsweise ein Teil der Musikwirtschaft, zu der auch Konzertveranstalter, Radiostationen oder Streamingplattformen wie Spotify gehören.

C.V.2. Vertikale Marktabgrenzung

Betrachtet man TV-Produzenten in einer vertikalen Marktstruktur stehen sie zwischen ihren Dienstleistern (Postproduktion, Licht- und Kameraverleih etc.) und Beschäftigten (Schauspieler, Regisseur, Drehbuchautor, Filmeditor etc.) einerseits und ihren Abnehmern (TV-Sender, Filmverleih, Werbetreibender etc.) andererseits (Windeler / Lutz / Wirth 2001: 178ff).

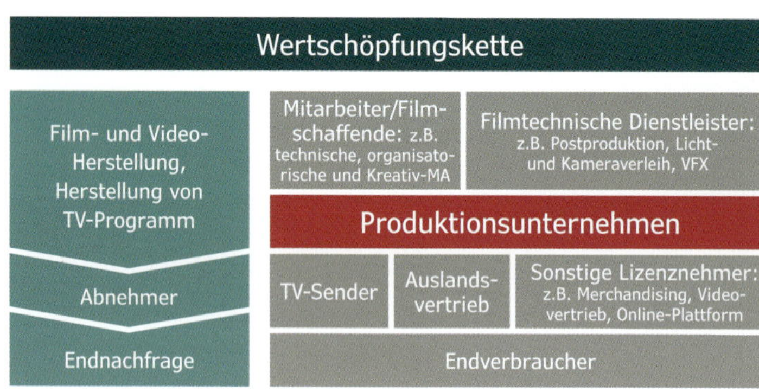

Abbildung 7: Idealtypische Wertschöpfungskette für Produktionsunternehmen
Quelle: Eigene Darstellung der HMS.

Fernsehsender stellen zwar mit eigenen sachlichen und personellen Mitteln audiovisuelle Produktionen her (sogenannte Eigenproduktionen). Sie sind aber kein Teil des Produktionsmarktes, weil ihre Leistungen dem

9 Als Kinofilmproduzenten gelten in dieser Studie solche Unternehmen, die mehr als die Hälfte ihres Umsatzes mit der Herstellung von Kinofilmen erzielen.

Markt nicht zur Verfügung stehen. In aller Regel produzieren TV-Sender nicht für andere Sender oder gar für Dritte wie etwa Werbetreibende.[10] Die Sender haben zwar grundsätzlich die Wahl, ob sie eine Produktion selbst herstellen oder in Auftrag geben bzw. kaufen („Make-or-buy"-Entscheidung), dies führt aber nicht zu einer echten Konkurrenz- und Marktsituation.[11] Sie werden deshalb hier nicht als Teil des audiovisuellen Produktionsmarktes untersucht.

Bei einer Kinofilmproduktion ist die Vertikalstruktur komplexer als bei einer TV-Produktion, weil die Zahl der Auswertungskanäle steigt. Denn eine Kinofilmproduktion wird in der Regel nicht nur im Kino, sondern auch im Home-Video-Bereich, im SVoD-Bereich (Netflix, Amazon etc.), im Pay-TV und im Free-TV ausgewertet. Durch die Auswertung von hochwertigen TV-Produktionen auf VoD-Plattformen und im Pay-TV sind die Unterschiede in der Komplexität der Vertikalstruktur nicht mehr so grundlegend wie vor 20 Jahren, als Free-TV-Produktionen fast ausschließlich im Free-TV ausgewertet wurden.

C.V.3. Sachliche Marktabgrenzung

Die sachliche Abgrenzung eines Produktionsmarktes richtet sich nach dem Bedarfsmarktkonzept (Heinrich 2001: 55). Danach bilden jene Waren oder Dienstleistungen einen Markt, die aus der Sicht eines typischen Nachfragers untereinander funktional austauschbar sind (Möschel 2007: § 19 GWB, Rn. 24 m. w. N.). Auf der Basis dieser Abgrenzungsmethode ist der Markt für Kino- und Fernsehproduzenten nicht derselbe, weil die Güter aus Sicht des Nachfragers, z.B. eines Filmverleihs, nicht austauschbar sind. Auch eine deutliche Kostensteigerung beim Erwerb von Verleihrechten an Kinofilmen würde nicht dazu führen, dass Filmverleiher sich Kinovorführungsrechte an Fernsehspielen, Magazin- oder Nachrichtensendungen sichern würden.

Bild 7: *Jugend ohne Gott* (2017), die film in Koproduktion mit Constantin Film Produktion, Foto: Marc Reimann

10 Keine Ausnahme stellen die Beiträge bestimmter ARD-Sender für das ARD-Hauptprogramm dar. Diese werden im Rahmen ihrer Verpflichtungen nach dem ARD-Fernsehvertrag (Verwaltungsvereinbarung der Landesrundfunkanstalten über die Zusammenarbeit im Fernseh- und Gemeinschaftsprogramm „Das Erste") als eigene Verpflichtung erbracht. Mit anderen Worten: Der NDR stellt die tägliche Sendung *Tagesthemen* als Eigenproduktion im Rahmen seiner eigenen Verpflichtung her, diese Produktion in das ARD-Programm einzubringen, und nicht als Leistung an Dritte.

11 Dies gilt für die – typischerweise – als Eigenproduktion hergestellten Nachrichten- und Magazinsendungen. Aber selbst bei einem *Tatort*, der in der Regel in Auftrag gegeben wird, stellen sich TV-Sender, die wie der Hessische Rundfunk den Tatort selbst produzieren, in der Regel keinem Konkurrenzangebot.

Die Teilmärkte entsprechen deshalb weitgehend den in den Rechtekatalogen von Produktions- und Lizenzverträgen aufgeführten Nutzungsarten, z.B. Kino, DVD/Blu-ray, Transactional VoD (TVoD), Subscription VoD (SVoD), Pay-TV, Free-TV oder Closed Circuit (z.B. Airline-Rechte). Durch die Digitalisierung haben sich eine Reihe von neuen Märkten ausdifferenziert, zuletzt der SVoD-Markt. Das Bundeskartellamt differenzierte bei seiner Beurteilung des Projektes Germany's Gold (Bundeskartellamt 2015) ebenfalls nach den o.g. Nutzungsformen und nur mit Bezug auf Sportinhalte und Pornografie auch nach Inhalten der lizenzierten Produktionen.[12] Räumlich hielt das Bundeskartellamt den Markt auf Deutschland beschränkt und übersah dabei, obwohl es Lizenzgeber und Produktionsunternehmen als austauschbar betrachtete, die internationale Konkurrenz. Denn VoD-Anbieter wie Amazon können ihre Programme für ihr deutsches Angebot nicht nur aus Deutschland beziehen. Genauso wenig war das Kartellamt in der Lage, die hohe Dynamik des VoD-Marktes angemessen zu berücksichtigen.[13] Wie wenig das Kartellamt bei dieser Entscheidung die Dynamik netzwerkbasierter Angebote verstand, bei denen sich immer nur die größten Plattformen durchsetzen, sieht man an folgendem Auszug aus der Entscheidung des Bundeskartellamtes in der Causa Germany's Gold (Bundeskartellamt 2015: 3):

> Die Marktverhältnisse auf dem VoD-Endkundenmarkt, einem jungen Markt mit erheblichem Wachstumspotential, sowie die erheblichen Ressourcen der betroffenen Unternehmen, insbesondere ihr Zugang zu einem großen (...) Rechteportfolio gespeist aus der TV-Tätigkeit ihrer Mütter, ermöglichen es den Beteiligten getrennt voneinander dem Endkundenmarkt für entgeltliches VoD zuzutreten.

Bisher ist der Anteil dieses vom Kartellamt damals so hoch eingeschätzten Rechteportfolios von ARD und ZDF an den heutzutage erfolgreichen VoD-Angeboten wie Netflix, Amazon oder iTunes verschwindend gering (siehe Kapitel Marktveränderungen durch neue Nachfrager: Der VoD-Markt in Deutschland). Dies könnte die Schlussfolgerung nahelegen, dass das Kartellamt die Bedeutung des Rechteportfolios von ARD und ZDF weit überschätzt hat. Diese Fehleinschätzung mündete im Verbot einer von deutschen Medienunternehmen getragenen VoD-Plattform, welches schließlich den Weg für internationale Anbieter wie Netflix und Amazon ebnete.

12 Neben den vom Kartellamt inhaltlich differenzierten Märkten für Fiktion, Sport und Erotik ist wohl auch der Bereich Kinderprogramm nicht durch andere Genres substituierbar. Will man als Sender den Zuschauerkreis der Zwei- bis Achtjährigen erreichen, gibt es zu Kinderprogrammen (z.B. *Die Sendung mit der Maus*, *logo* oder *JoNaLu*) keine Alternativen. Daher ist es durchaus vertretbar, den TV-Produktions- und Lizenzmarkt – von derartigen speziellen Genres wie dem Kinderprogramm einmal abgesehen – generell als sachlich einheitlichen Markt anzusehen.

13 Grundlegend zu Netzwerkeffekten: vgl. Shapiro / Varl / Varian 1999.

Produzentenstudie 2018

D. UMSÄTZE UND GESAMTWIRTSCHAFTLICHE BEDEUTUNG DER DEUTSCHEN PRODUKTIONSWIRTSCHAFT

D. UMSÄTZE UND GESAMTWIRTSCHAFTLICHE BEDEUTUNG DER DEUTSCHEN PRODUKTIONSWIRTSCHAFT

Oliver Castendyk

Im Folgenden werden wir mit den bestehenden Daten aus der Umsatzsteuerstatistik sowie der eigenen Primärerhebung die Umsätze, Umsatzrenditen und die Produktivität, differenziert nach Kino und Fernsehen darstellen. Dabei werden wir die Umsätze auch in der zeitlichen und geografischen Vergleichsperspektive betrachten.

D.I. Gesamtumsatz der Filmproduktionsunternehmen

D.I.1. Differenzierter Gesamtumsatz

Die umsatzsteuerpflichtigen Nettoumsätze[14] der Produktionsunternehmen in Deutschland liegen 2017 bei 4,9 Mrd. EUR[15] und damit etwa 200 Mio. EUR höher als im Vorjahr.

Die klassischen Produzenten erwirtschafteten etwa 3,14 Mrd. EUR[16] Umsatz.

Bezogen auf die Zusammensetzung des Umsatzes generieren sowohl die TV- als auch die Kinoproduzenten den Großteil ihrer Umsätze mit ihrem Haupttätigkeitsbereich: TV-Produzenten erwirtschaften im Durchschnitt nur 9 % ihres Umsatzes durch Filme, die zur Auswertung im Kino bestimmt sind. Bei Kinofilmproduzenten liegt der durchschnittliche Anteil, den sie mit Fernsehprogrammen umsetzen, ebenfalls bei 9 % (siehe Abbildung 10). Gestiegen ist

Abbildung 8: Gesamtumsatz der Filmproduktionsbranche (2017)
Quelle: Hochrechnung der HMS.
Anmerkung: exkl. Förderung sowie Auslandserlösen, bei denen keine Umsatzsteuer in Deutschland anfällt.

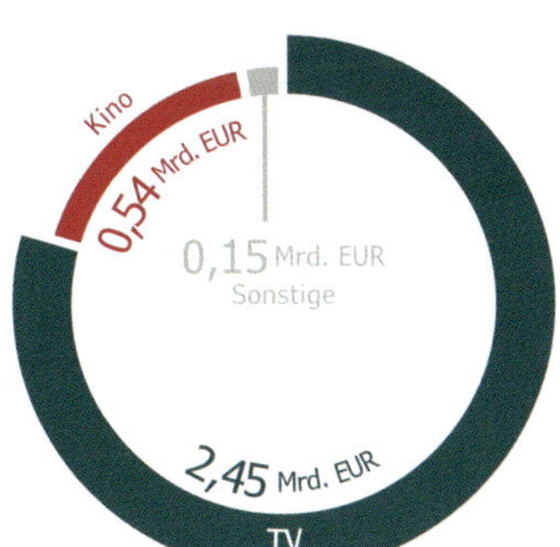

Abbildung 9: Branchenumsatz der klassischen Produzenten (2017)
Quelle: Hochrechnung der HMS.
Anmerkung: inkl. Förderung und sämtlicher Auslandserlöse.

14 Zur genauen Definition des Begriffs „Umsatz" siehe Kapitel Durchführung und Methodik der Studie. Dort wird z.B. erläutert, unter welchen Voraussetzungen Fördergelder und Auslandserlöse als Umsätze gelten.

15 Exkl. Förderung sowie Auslandserlösen, bei denen keine Umsatzsteuer in Deutschland anfällt.

16 Inkl. Förderung und sämtlicher Auslandserlöse.

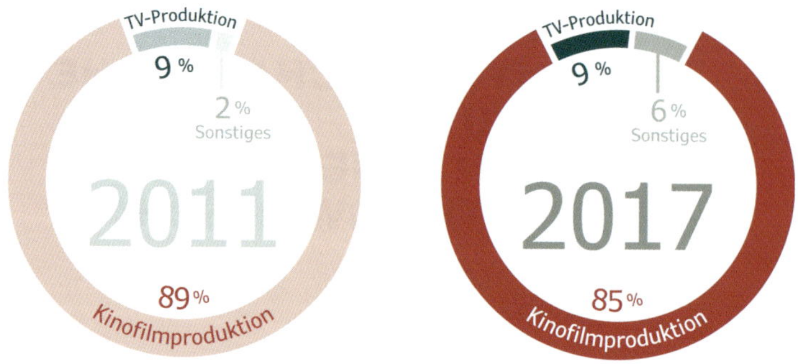

Abbildung 10: Umsatzverteilung der Kinofilmproduzenten (2011 und 2017, unternehmensbezogen)
Quelle: Branchenumfrage der HMS. Frage: „In welchen Bereichen haben Sie Ihren Gesamtumsatz erzielt?“.

lediglich der Anteil der sonstigen Produktionen, z.B. Webinhalte, die ein Kinofilmproduzent herstellt.

Das Umsatzvolumen der gesamten Filmproduktionswirtschaft Deutschlands liegt damit deutlich vor Frankreich mit 3,01 Mrd. EUR (CNC 2018b). Die Branchenumsätze Großbritanniens hingegen übersteigen mit 5,61 Mrd. GBP (ca. 6,58 Mrd. EUR[17]) im Jahr 2016 die Deutschlands (ONS 2018 und Oliver & Ohlbaum 2017: 9). Der zentrale Unterschied zum Vereinigten Königreich besteht darin, dass ein großer Teil der Kinoproduktionsumsätze aus sogenannten „inward investments“ – im Jahr 2015 rund zwei Milliarden EUR – stammt, also ein Produktionsvolumen, das vor allem auf internationalen Großproduktionen beruht, die im Vereinten Königreich gedreht und postproduziert wurden (BFI 2018: 22).

D.I.2. Umsätze im Zeitreihenvergleich

Betrachtet man die Umsätze der letzten sieben Jahre wächst der Umsatz der Filmproduktionsbranche langsam aber stetig.

Angesichts einer jährlichen Steigerung von durchschnittlich 1,6 %

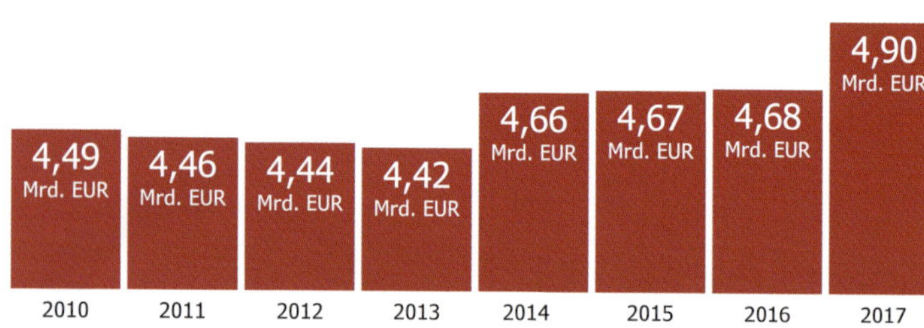

Abbildung 11: Entwicklung des umsatzsteuerpflichtigen Umsatzes der Produktionswirtschaft (2010 bis 2017)
Quelle: Bundesamt für Statistik und Hochrechnung der HMS (für 2017).

seit 2011 erscheint das Marktsegment der audiovisuellen Produktion stabil, allerdings ohne größere Wachstumsdynamik. Dynamik findet sich eher in der Umsatzentwicklung von Produktionen einzelner Genres. So sind nach unseren Berechnungen die Umsätze mit dem Genre der Docu-Soap seit 2011 um mehr als ein Drittel gestiegen[18], während die Umsätze im Bereich der Show stabil und die des Genres Talk gesunken sind.

17 Umrechung mit Kurs vom 31.12.2016.
18 Der Wert von 2017 liegt um 42 % höher als der Wert von 2010. Gerechnet in Sendeminuten anstelle von Umsätzen liegt die Steigerung laut FORMATT-Studie 2015/16 (Formatt-Institut 2018: 99f) sogar noch höher (51 %). Die Differenz erklärt sich durch in diesem Genre durchschnittlich sinkende Minutenpreise.

Bild 8: *heute-show*, Prime Productions / ZDF, Foto: Willi Weber

Auch hier ist der Vergleich zur britischen und französischen Filmproduktionsindustrie interessant. Im Gesamtmarktvergleich ist die Wachstumsdynamik Großbritanniens größer als die Deutschlands und Frankreichs.

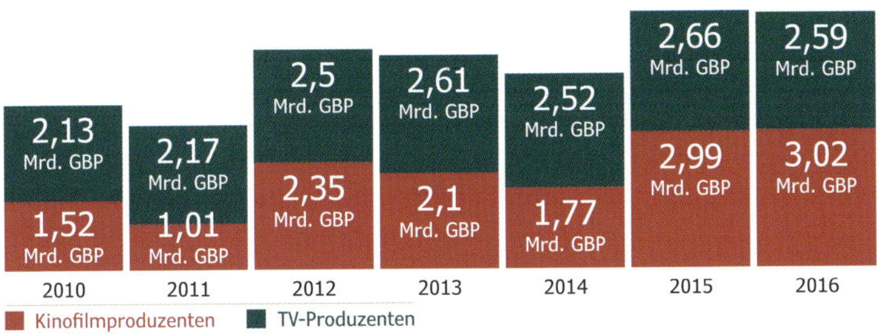

Abbildung 12: Entwicklung des Umsatzes der Produktionswirtschaft in Großbritannien (2010 bis 2016,) *Quelle: ONS 2018; Oliver & Ohlbaum 2017: 9.*

Allerdings ist auch die Volatilität der britischen Entwicklung größer, denn die Umsätze insbesondere der britischen Kinofilmproduzenten schwankten in den letzten sieben Jahren innerhalb eines Jahres um bis zu 1,34 Mrd. GBP.[19] Eine mögliche Erklärung für dieses Auf und Ab könnte wiederum das „inward investment" sein. Denn mehrere Großproduktionen mit Budgets von weit über 100 Mio. EUR können einen Unterschied ausmachen. Die Nachfrage der britischen TV-Sender ist für diese Schwankungen jedenfalls nicht verantwortlich, denn sie lag zwischen den Jahren 2010 und 2016 stets in einem Korridor von 2,13 Mrd. und 2,66 Mrd. GBP.

D.I.3. Differenzierung des TV-Branchenumsatzes nach Auftraggebern

Umsatzbezogen liegen die öffentlich-rechtlichen Auftraggeber mit einem für das Jahr 2017 hochgerechneten Umsatz von insgesamt um die 1,37 Mrd. EUR auch weiterhin vor den privaten TV-Veranstaltern mit einem Umsatz von 1,05 Mrd. EUR.

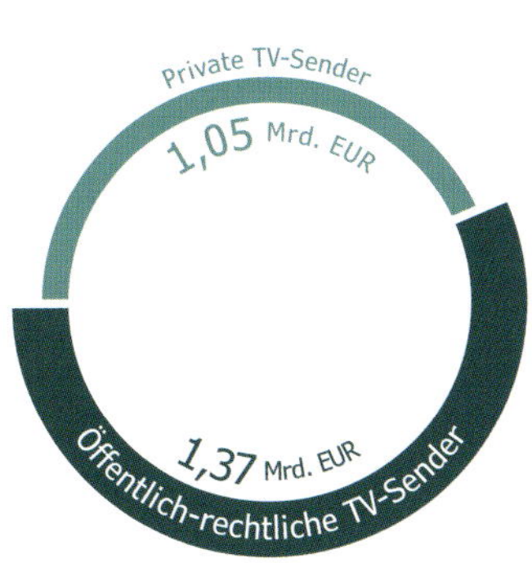

Abbildung 13: TV-Umsatzvolumen nach Auftraggeber (2017) *Quellen: Hochrechnung der HMS. Anmerkung: exkl. Förderung.*

Immerhin hat sich der Anteil der privaten TV-Sender am Gesamtumsatzvolumen der TV-Produktionswirtschaft seit 2011 von 38 % auf 48 % erhöht. Begründet liegt dieser

19 Umsatzangaben inkl. Postproduktion.

Anstieg sowohl im zunehmenden Investment der beiden großen privaten Sendergruppen in deutsche Produktionen[20], nachdem der Erfolg der internationalen Serien bei ihren Zuschauern abgenommen hatte, als auch im Output der vielen kleineren, nicht zu den beiden großen Gruppen gehörenden Free-TV-Anbietern, wie Tele5 oder Servus TV, und Pay-TV-Anbietern, wie Sky oder TNT Serie.

Die ARD lag 2017 mit rund 770 Mio. EUR vor dem ZDF und der RTL-Gruppe mit jeweils rund 600 Mio. EUR. Die Umsätze der ProSiebenSat.1-Gruppe schätzen wir auf ca. 470 Mio. EUR; der Rest entfällt auf weitere Auftraggeber wie z.B. Welt N24. Will man die Bedeutung der Landesrundfunkanstalten und der Degeto als Auftraggeber, Koproduzent oder Lizenznehmer der deutschen Produktionswirtschaft abschätzen, lässt sich für das Jahr 2016 der Produzentenbericht der ARD heranziehen. Da bei den Lizenzgebern ein hoher Umsatzanteil auf ausländische Unternehmen entfällt, beschränken wir uns hier auf Auftrags-, Misch- und Koproduktionen.

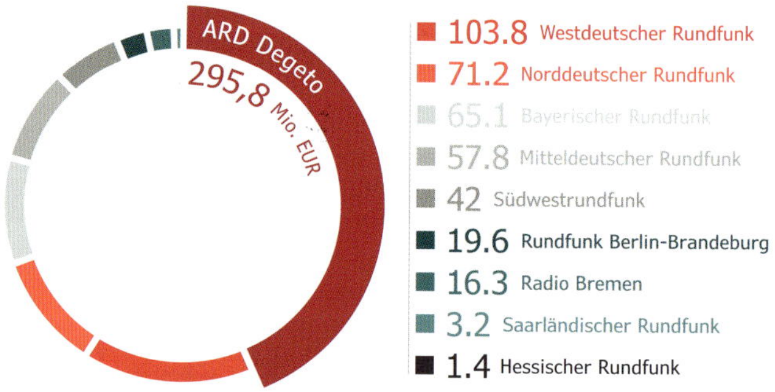

Abbildung 14: Umsatzvolumen (ohne Lizenzproduktionen) der ARD (2016)
Quelle: ARD 2016: 8.

Die mit Abstand größte Auftraggeberin war 2016 die Degeto mit einem Volumen von fast 300 Mio. EUR. Der Hessische Rundfunk lag hingegen mit seinem Auftragsvolumen von 1,4 Mio. EUR[21] noch hinter dem Saarländischen Rundfunk (3,2 Mio. EUR) und Radio Bremen (16,3 Mio. EUR).

D.I.4. Differenzierung nach Inlands- und Auslandserlösen

Um die internationale Relevanz des klassischen Produktionsmarktes bewerten zu können, wurden die Produktionsunternehmen gefragt, wie

20 Vgl. hierzu z.B. Blickpunkt:Film (09.06.2016): „Der Dienstagabend soll bei Sat.1 wieder verlässlicher mit TVMovies Made in Germany bespielt werden. Das kündigen Yvonne Weber und Stefan Gärtner, bei ProSiebenSat.1 verantwortlich für deutsche Fiction, im großen Blickpunkt:Film-Interview an. ‚Wir erhöhen die Schlagzahl', so Gärtner. Konkret heißt das: (…) für 2017 plant der Flagship-Sender der ProSiebenSat.1-Gruppe mit jeweils elf Terminen im Frühjahr und Herbst, also insgesamt bis zu 22 Erstausstrahlungen. ‚Das kommt einer Entwicklungsoffensive gleich', verspricht Gärtner. Gekoppelt mit der TV-Movie-Offensive soll das Qualitätsniveau der Fiction-Produktionen gehoben werden. (…)" (Blickpunkt: Film 2016); Lückerath (30.08.2016): „In neuer Form (…) gab Frank Hoffmann, Programmgeschäftsführer von RTL, (…) einen Ausblick auf das, was dem Sender in den kommenden Monaten Quote bringen soll. Spürbar wichtig ist den Kölnern dabei der Eindruck, man investiere massiv ins Programm (…). ‚Wir starten mit mehr als 20 neuen Formaten in die kommende Saison (…). Denn wir sind mehr denn je davon überzeugt, dass eigene Inhalte der Schlüssel zum Erfolg bleiben werden.' (…) Gerade in Bezug auf US-Serien bemängelten Frank Hoffmann ebenso wie auch Anke Schäferkordt bereits mehrfach, dass immer weniger massentaugliches Programm aus den USA kommt. (…)" (Lückerath 2016).

21 Dabei zählen nur die vom HR selbst auftrags- oder koproduzierten Produktionen, nicht die z.B. über die Finanzierung der Degeto „mitfinanzierten" Auftragsproduktionen.

groß die im Ausland erzielten Umsätze waren.[22] Das Ergebnis zeigt, dass Auslandserlöse nach wie vor einen kleinen Teil der Gesamterlöse ausmachen. Trotz großer Einzelerfolge mit Produktionen wie *Charité* oder *Deutschland 83*, ist der Filmproduktionsmarkt in Deutschland weitgehend ein nationaler Markt. Im Verhältnis zu 2011 ist der Anteil an Erlösen aus dem Ausland leicht gesunken.[23]

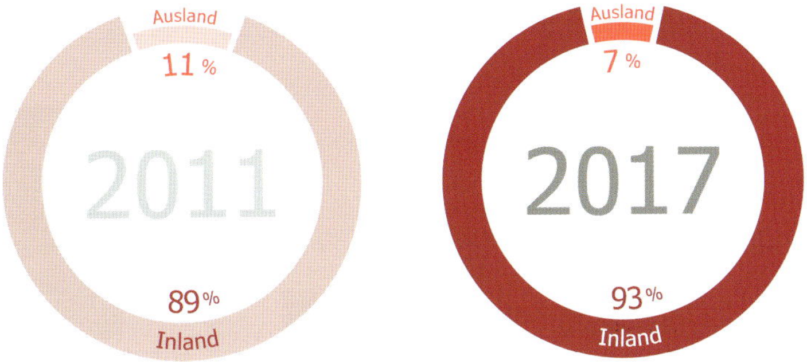

Abbildung 15: Anteil der im Inland und Ausland erzielten Umsätze der klassischen Produzenten (2011 und 2017, umsatzbezogen)
Quelle: Branchenumfrage der HMS. Frage: „Wie war das Verhältnis Ihrer Inlands- und Auslandsumsätze?".

In absoluten Zahlen liegt der Auslandsumsatz der deutschen Produzenten im Jahr 2017 bei rund 200 Mio. EUR; davon entfallen ca. ein Sechstel auf die Kinofilmproduktionsunternehmen (33 Mio. EUR), der Rest auf TV-Produktionsunternehmen (167 Mio. EUR). Dieser setzt sich nicht nur aus Lizenzerlösen zusammen, also Erlösen, die etwa über Weltvertriebe generiert werden. Hinzu kommen Minimumgarantien bzw. Koproduktionsanteile, die zur Finanzierung einer Produktion verwendet wurden. Den Weltvertriebsanteil schätzen wir auf unterhalb von 100 Mio. EUR ein, genauere Zahlen sind nicht verfügbar.

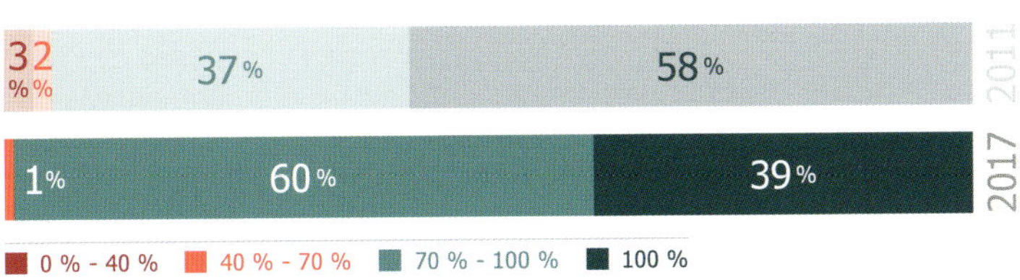

Abbildung 16: Anteil der im Inland erzielten Erlöse am Gesamtumsatz bei TV-Produzenten (2011 und 2017, unternehmensbezogen)
Quelle: Branchenumfrage der HMS. Frage: „Wie war das Verhältnis Ihrer Inlands- und Auslandsumsätze?".

Im Kinofilmbereich ist der Anteil an Unternehmen, die ausschließlich Umsätze in Deutschland erzielten, stark gesunken. Nur noch 10 % der Unternehmen erwirtschaften 100 % ihrer Erlöse im Inland; 2011 waren es noch mehr als die Hälfte.

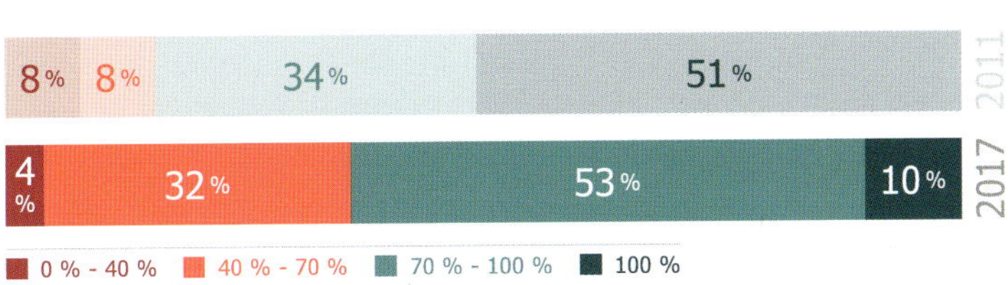

Abbildung 17: Anteil der im Inland erzielten Erlöse am Gesamtumsatz bei Kinofilm-Produzenten (2011 und 2017, unternehmensbezogen)
Quelle: Branchenumfrage der HMS. Frage: „Wie war das Verhältnis Ihrer Inlands- und Auslandsumsätze?"

22 Dazu zählen sowohl Lizenzerlöse als auch Erlöse aus Ko- und Auftragsproduktionen mit ausländischen Partnern (siehe Kapitel M).
23 Angesichts der Stichprobengröße ist dieser Unterschied nicht signifikant.

Dennoch überwiegt die Zahl von nur aus Deutschland bzw. aus deutschsprachigen Staaten finanzierten und refinanzierten Kinofilmproduktionen deutlich.

D.I.5. TV-Auslandserlöse im internationalen Vergleich mit Großbritannien und Frankreich

Aufschlussreich mit Bezug auf die Auslandsorientierung der Filmwirtschaft ist der Vergleich der TV-Exportumsätze Deutschlands, Frankreichs und Großbritanniens.

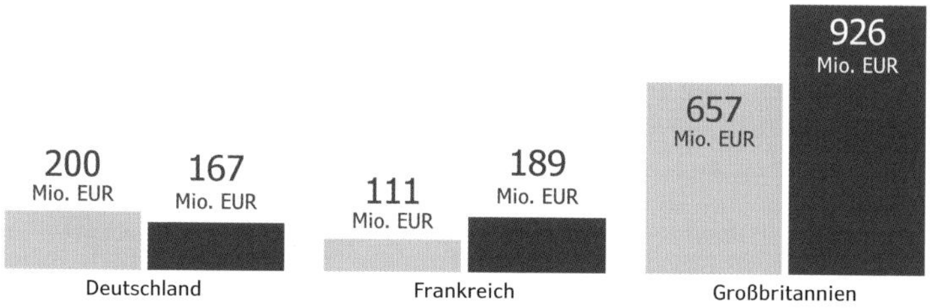

Abbildung 18: Entwicklung der Auslandserlöse der TV-Produzenten in Deutschland (2011/2017), Frankreich (2011/2016) und Großbritannien (2011/2016)
Quelle: Hochrechnung der HMS; Oliver & Ohlbaum 2017: 10; CNC 2018b: 178; CSA 2017: 44. Anmerkung: Umrechnung von GBP jeweils zum 31.12.2011 bzw. 31.12.2016.

Der Exportumsatz der britischen TV-Produzenten betrug im Jahr 2016 umgerechnet 926 Mio. EUR (Oliver & Ohlbaum 2017: 10). Der Auslandsumsatz betrug fast ein Drittel der TV-Gesamtumsätze, während der entsprechende Anteil in Deutschland bei 10 % und in Frankreich (2015) bei 8 % lag. Betrachtet man die Aufteilung der britischen Erlöse etwas genauer, zeigt sich, wo die Unterschiede liegen:

Basis der britischen Auslandsumsätze ist neben den Lizenzerlösen aus dem Verkauf von Fernseh-, Streaming- und sonstigen Rechten an Programmen auch der Umsatz der ausländischen Tochterunternehmen der britischen Produzenten. Dieser macht mit 43 % fast die Hälfte der Auslandsumsätze aus. Hier zeigt sich ein zentraler Unterschied zur deutschen Produktionslandschaft. Während britische Unternehmen, wie ITV, All3Media oder BBC World, sehr erfolgreiche lokale Tochterunternehmen in den wichtigen TV-Märkten der Welt aufgebaut haben, ist dies in Deutschland eine Ausnahme geblieben[24]. Kaum ein deutsches Filmproduktionsunternehmen hat in den letzten 20 Jahren ein Tochterunternehmen in den USA, Großbritannien, Spanien, Frankreich oder Italien aufgebaut. Der Grund dafür könnte nicht nur in der geringeren internationalen Ausrichtung deutscher Produzenten liegen, sondern auch darin, dass die britischen Wettbewerber in der Regel auf der Basis von erfolgreichen Formaten in die ausländischen Märkte vordringen konnten.[25] Da die Formatrechte in Deutschland bisher häufig bei den Auftraggebern, den TV-Sendern, lagen, konnte diese Türöffner-Funktion von deutschen Produktionsunternehmen im Ausland nicht genutzt werden.

24 Die Ausnahme von dieser Regel sind Constantin Entertainment mit mehreren erfolgreichen Produktionstöchtern in Osteuropa und Bertelsmann bzw. Fremantle. Allerdings ist Fremantle ein britisches Produktions- und Vertriebsunternehmen, sodass dessen weltweiten Produktionsumsätze nicht zu den deutschen Produktionsumssätzen gezählt werden können.

25 Formate sind z.B.: Shows: *Who Wants to Be a Millionaire?*, *Pop Idol* (in Deutschland: *Deutschland sucht den Superstar*), *Britain's Got Talent* (in Deutschland: *Das Supertalent*), *The Great British Bake Off* (in Deutschland: *Das große Backen*) oder *Dancing with the Stars* (in Deutschland: *Let's Dance*), Factual: *Come Dine with Me* (in Deutschland: *Das perfekte Dinner*), *Wife Swap* (in Deutschland: *Frauentausch*) oder *Undercover Boss*, TV-Serien: *Downton Abbey* oder *Sherlock*.

Die französischen Zahlen zeigen ein deutliches Wachstum der Exporterlöse mit französischen audiovisuellen Produktionen.

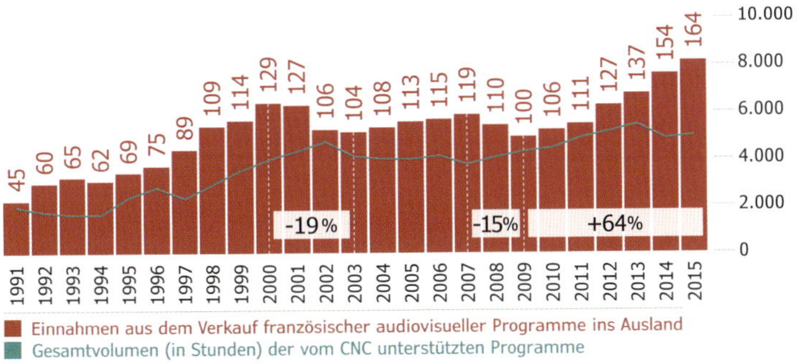

Abbildung 19: Entwicklung des ins Ausland verkauften französischen TV-Programms (1991 bis 2015, Umsatz in Mio. EUR, Volumen in Stunden)
Quelle: CSA 2017: 44.

2016 ist der TV-Exportumsatz Frankreichs noch einmal deutlich gestiegen und zwar auf 189 Mio. EUR (CNC 2018b: 178). Damit liegen die Auslandsverkäufe von französischen Programmen im Jahr 2016 höher als die Deutschlands im Jahr 2017. Beeindruckend ist die französische Wachstumsdynamik von 2009 bis 2015 mit einer Wachstumsrate von 64 %. Bei französischen Exporten machen Animations-Programme den größten Anteil aus. Auch die Umsätze mit Dokumentationen sind größer als die mit Fiktion.

D.I.6. Zusammensetzung des Umsatzes mit Kinofilmproduktionen

Der Umsatz, der 2017 mit Kinofilmproduktionen erzielt wurde, liegt bei 544 Mio. EUR und ist damit um 70 Mio. EUR geringer als 2011.[26] Während die in die Produktionsumsätze eingerechnete Produktionsförderung von damals 201 Mio. EUR auf nunmehr 206 Mio. EUR leicht gestiegen ist, sind sowohl die Inlandserlöse als auch die Auslandserlöse gesunken.

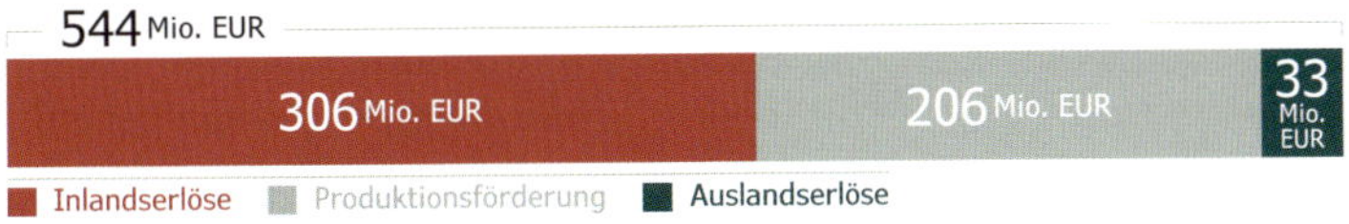

Abbildung 20: Zusammensetzung des Umsatzes deutscher Produzenten mit Kinofilmen (2017, umsatzbezogen)
Quelle: Hochrechnung der HMS.

Der leichte Rückgang kann nicht auf eine sinkende Zahl von deutschen Kinofilmproduktionen zurückgeführt werden. Denn zumindest die in Deutschland veröffentlichten Produktionen mit deutschem Ursprungszeugnis sind seit 2011 gestiegen (siehe Kapitel E.I. Kinofilmproduktionsvolumen).

Auch geringere Produktionsbudgets haben die leichte Veränderung nicht verursacht. Ein Indikator dafür ist, dass die Budgets der Kinospielfilme mit DFFF-Förderung seit 2011 um im Durchschnitt fast 1 Mio. EUR gestiegen sind. Die durchschnittlichen Budgets der mit DFFF-Mitteln geförderten Dokumentarfilme blieben etwa gleich. Unsere Analysen deuten darauf hin, dass der leichte Rückgang mit geringeren Einnahmen aus dem Ausland zusammenhängt.

26 Anders als in der *Produzentenstudie 2012* werden hier die Nettoumsätze (d.h. ohne Umsatzsteuer) und nicht die Bruttoumsätze ausgewiesen.

Auch hier soll ein Vergleich mit Großbritannien und Frankreich die deutsche Produktionswirtschaft im Bereich Kinofilm näher charakterisieren. Zunächst betrachten wir die Verteilung der Budgethöhen bei rein inländischen Produktionen im Jahr 2016.

Angesichts der DFFF-Schwellenwerte ist die geringere Zahl an Produktionen unter 2 Mio. EUR in Deutschland mit der höheren Zahl aus Frankreich nur bedingt vergleichbar, weil sie auch fördertechnische Gründe hat. Im Bereich über 5 Mio. EUR dürften jedoch der Großteil der deutschen Produktionen DFFF-förderfähig und damit erfasst sein. Hier überrascht der Unterschied zwischen Deutschland auf der einen sowie Frankreich und Großbritannien auf der anderen Seite.

Tabelle 1: Budgetgrößen geförderter Produktionen im internationalen Vergleich (2016)
Quelle: DFFF: @3; BFI 2017b: 203; CNC 2017: 78.

Budgetgrößenklassen[27]	Deutschland	Frankreich	Großbritannien
> ca. 5 Mio. EUR	17	77	55
ca. 2 Mio. bis ca. 5 Mio. EUR	15	49	45
< ca. 2 Mio. EUR	34	95	30
Summe	**66**	**221**	**130**

Demgegenüber sind ausländische Produktionen solche, bei denen entweder das gesamte Budget von Unternehmen außerhalb des eigenen Landes aufgebracht werden, oder Koproduktionen. Hier sind die Zahlen ähnlich. Die durchschnittliche Budgethöhe der nationalen Produktionen in Deutschland ist etwas höher als die der (ausschließlich) britischen Produktionen. Ein völlig anderes Bild ergibt sich, wenn man die internationalen majoritären Koproduktionen und anderen „inward investments" hinzunimmt. Dabei betrachten wir die Entwicklung der Produktionen mit einem Budget von über 30 Mio. EUR, die in Großbritannien bzw. Deutschland hergestellt wurden und den Anteil, den diese Produktionen am Gesamtproduktionsvolumen in diesem Jahr hatten.

Jahr	Deutschland		Großbritannien	
	Anzahl der Produktionen	Anteil am Gesamtproduktionsvolumen (Kino)	Anzahl der Produktionen	Anteil am Gesamtproduktionsvolumen (Kino)
2017	1	15 %	29	81 %
2016	0	--	25	77 %
2015	3	24 %	16	71 %
2014	3	26 %	20	73 %
2013	4	38 %	16	70 %
2012	3	16 %	10	62 %
2011	2	26 %	17	56 %

Tabelle 2: Produktionen mit einem Budget über 30 Mio. EUR (Deutschland) bzw. über 30 Mio. GBP (UK) (2011 bis 2016)
Quelle: Eigene Berechnungen der HMS auf Basis von DFFF: @3 und BFI 2017b: 204.

2016 und 2017 waren von den 25 bzw. 29 Filmen, deren Budgethöhe über 30 Mio. GBP lagen, nur zwei Produktionen rein britische Produktionen, der Rest waren Produktionen, die entweder vollständig oder überwiegend aus dem Ausland, meist aus den USA finanziert waren

27 Es handelt sich hierbei um eine ungefähre Verteilung. Da die Budgetgrößenklassen für Deutschland, Frankreich und Großbritannien in unterschiedlichen Währungen und unterschiedlichen Clustern angegeben wurden, war die Zuordnung der Fallzahlen zu einer Budgetgrößenklassen nicht immer exakt möglich.

(„inward investment features“). Während ein Film wie *Monuments Men*, also ein in Deutschland gedrehter US-Film mit einem sehr hohen Produktionsbudget, selten geblieben ist, waren es in Großbritannien 23 im Jahr 2016 und 27 Produktionen im Jahr 2017 mit einem Volumen von insgesamt rund 3 Mrd. EUR und durchschnittlichen in Großbritannien ausgegebenen Herstellungskosten von 55 Mio. EUR. 2016/2017 (Filmstart 2018) gab es nur einen Film mit einem Budget, das zumindest in die Nähe von 33 Mio. EUR gekommen ist und zwar *Jim Knopf und der Lokomotivführer*, 2017/18 den Film *Dragon Tattoo*, der Anfang 2018 in Berlin gedreht wurde. Die Dimension von 51 versus zwei Big-Budget-Filmproduktionen zeigt den zentralen Unterschied zwischen den beiden Filmproduktionsstandorten. Aufschlussreich ist, dass 2016 die Constantin Film zwei Produktionen mit einem Budget über 30 Mio. EUR produzierte. Beide Produktionen, *Polar* und *Resident Evil – The Final Chapter*, wurden allerdings in Toronto/Kanada gedreht und postproduziert.

D.II. Umsatzrendite und Entwicklung der Gewinnmargen

Um Rückschlüsse auf die Rentabilität des Produktionsmarktes ziehen zu können, wurden die Produzenten im Fragebogen gebeten, Angaben zu ihrer Umsatzrendite 2017 zu machen. Unter Umsatzrendite ist die Rendite vor Steuern (Gewinn vor Steuern / Umsatz) zu verstehen. Die Umsatzrendite ist nicht mit Kenndaten wie EBIT[28] oder EBITDA[29] zu verwechseln, bei der der Gewinn eines Unternehmens durch Herausrechnen bestimmter Positionen bereinigt wird, um eine Kennzahl für die Umsätze aus rein betrieblicher Tätigkeit zu erhalten.

In der Vorgängerstudie haben wir das Filmproduktionsgeschäft als ein im Vergleich zu anderen projektgebundenen Branchen sehr margenschwaches Geschäft bezeichnet. Jeder fünfte Produzent erzielte 2011 eine negative Umsatzrendite, bei Kinofilmproduzenten war es sogar fast jeder vierte.

Wie schon in der letzten Herbstumfrage der Produzentenallianz erkennbar, hat sich seitdem die Gewinnsituation der Produzenten deutlich verbessert (Produzentenallianz 2017). Sowohl die Zahl der Produzenten in der Verlustzone hat sich reduziert, als auch die Zahl derjenigen mit einer prekär geringen Rendite.

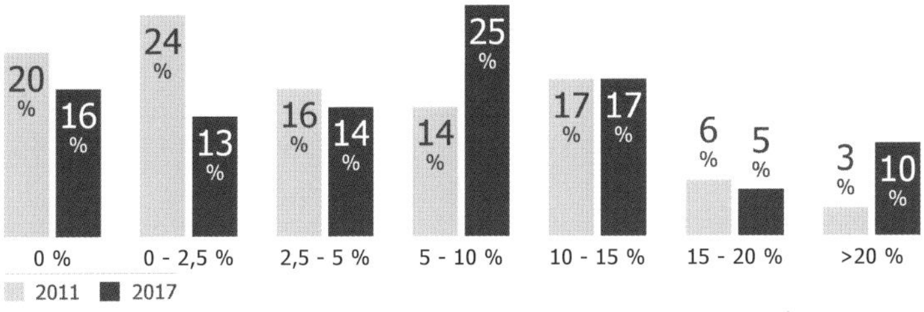

Abbildung 21: Umsatzrendite (2011 und 2017, unternehmensbezogen)
Quelle: Branchenumfrage der HMS. Frage: „Wie hoch war 2017 die von Ihrem Unternehmen erzielte Umsatzrendite?“.

28 EBIT ist das Betriebsergebnis vor Zinsen und Steuern.
29 EBITDA ist das Betriebsergebnis vor Zinsen, Steuern und Abschreibungen.

Bild 9: *Berlin – Tag & Nacht*, filmpool entertainment / RTL2, Foto: Markus Nass

In der Vorgängerstudie hatten 58 % der Befragten angegeben, dass sich ihre Gewinnmargen seit 2002 verschlechtert hatten. Aus den regelmäßigen Befragungen der Produzentenallianz und Expertengesprächen lässt sich folgern, dass die Gewinnmargen seit 2007 kontinuierlich sanken und erst 2015 die Talsohle erreicht war; seitdem haben sich die Gewinne verbessert, wenn auch nicht auf das Niveau von vor 2007.

Aus den Experteninterviews wurden damals außerdem die Gründe für diese Entwicklung deutlich: Bei den öffentlich-rechtlichen Sendern blieben von 2002 bis 2013 die Minutenpreise weitgehend stabil, obwohl die Kosten der Produktionen, z.B. eines *Tatort*, stiegen. Die Differenz ging auf Kosten der produzentischen Gewinnmarge. Die privaten Sender zwang der Einbruch des Werbemarktes im Jahr 2008, die Programmpreise stark zu reduzieren. Gemeinsam mit den Produzenten wurden Budgets gekürzt, Ausstattungen gestrichen, Mitarbeiter für geringere Gagen beschäftigt, kostenträchtigere Genres durch kostengünstigere ersetzt, HU- und Gewinnpauschalen dadurch automatisch reduziert. Diese Kostenersparnisse wurden nicht mehr rückgängig gemacht, als die Krise vorüber war.

Während es den beiden großen privaten Sendergruppen unter anderem durch diese Methode gelang, auf Kosten ihrer Zulieferer ihre stark rückläufige Umsatzrendite in 2008 wieder zu stabilisieren, blieben die Produzenten noch bis 2015 im Umsatzkeller.

Tabelle 3: Umsatzrenditen der ProsiebenSat.1- und RTL-Gruppe (2007 bis 2011)
Quelle: ProSiebenSat.1 Group 2008, 2009, 2010, 2011, 2012; RTL Group 2008, 2009, 2010, 2011, 2012.

Jahr	Umsatzrendite ProsiebenSat.1	Umsatzrendite RTL Group
2007	9,2 %	11,8 %
2008	-2,2 %	5,1 %
2009	8,4 %	5,5 %
2010	12,6 %	13,1 %
2011	13,3 %	13,8 %

Selbstverständlich sind die Gewinnmargen der Produzenten Durchschnittszahlen und je nach Produktionsunternehmen unterschiedlich groß. Dabei gilt nicht, dass die größten Produktionsunternehmen notwendigerweise auch die höchsten Gewinnmargen aufweisen. Die Zahlen deuten darauf hin, dass die Spreizung der Gewinne bei kleineren Produktionsunternehmen höher ist als bei großen: Bei den Unternehmen mit geringeren Umsätzen finden sich mehr Firmen sowohl in der Verlustzone als auch im Bereich von Gewinnenmargen über 10 % als bei den Unternehmen mit Umsätzen von mehr als 25 Mio. EUR pro Jahr.

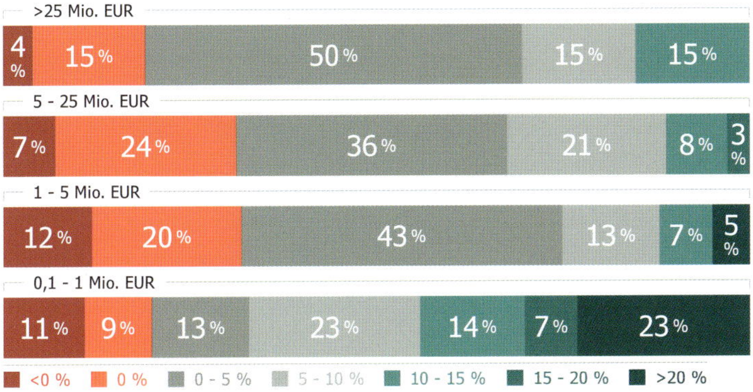

Abbildung 22: Umsatzrenditen der Produktionsunternehmen (2017, nach Umsatzgrößenklassen, unternehmensbezogen)
Quelle: Branchenumfrage der HMS. Frage: „Wie hoch war 2017 die von Ihrem Unternehmen erzielte Umsatzrendite?“

Produzentenstudie 2018

E. PRODUKTIONSVOLUMEN DEUTSCHER FILM- UND FERNSEHPRODUZENTEN

E. PRODUKTIONSVOLUMEN DEUTSCHER FILM- UND FERNSEHPRODUZENTEN

E.I. Kinofilmproduktionsvolumen

Oliver Castendyk und Juliane Müller

Das Kinofilmproduktionsvolumen in Deutschland steigt und das kontinuierlich. Betrachtet man allein die letzten zehn Jahre ist die Zahl der Erstaufführungen um über 70 % gestiegen. Dies liegt vor allem in der konstant steigenden Zahl der Dokumentarfilme begründet, die sich in der letzten Dekade sogar mehr als verdoppelt hat. Auch deutsche Spielfilme und internationalen Koproduktionen nehmen zu, jedoch schwankend und weniger stark.

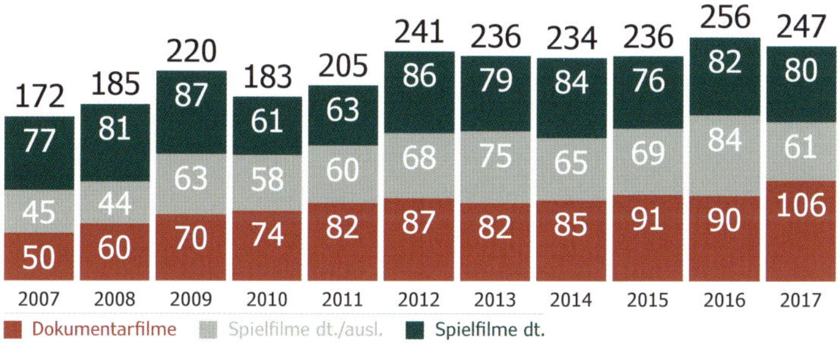

Abbildung 23: Entwicklung der erstaufgeführten deutschen Langfilme (2007 bis 2017)
Quelle: SPIO 2018: 14.

Diese Entwicklung hat allerdings nicht zu einem gestiegenen Besucheraufkommen geführt. Im Gegenteil sind die Besucherzahlen rückläufig. Dies zeigen die nachfolgenden Zahlen in Abbildung 24. Zwar sind in den Altersklassen 10 bis 19 Jahre und 50 bis 59 Jahre die Besucherzahlen angestiegen; in allen anderen Altersklassen hingegen ist ein Rückgang in ungleich höherem Maße zu verzeichnen.

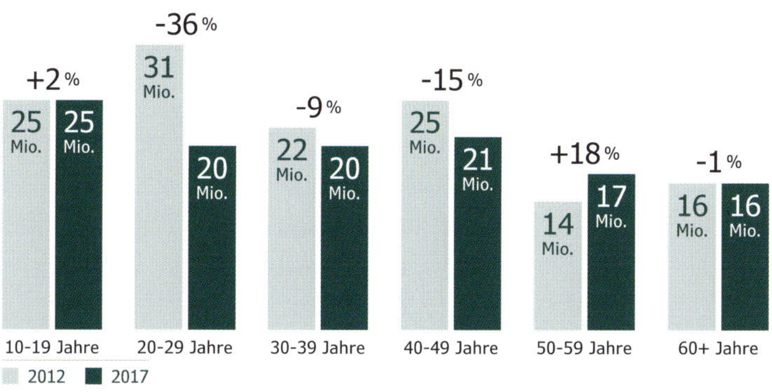

Abbildung 24: Entwicklung der Besucherzahlen nach Alterklassen auf Basis von Ticketverkäufen (2012 und 2017)
Quelle: FFA 2018c: 21.

Zwar hat die durchschnittliche Besuchsintensität seit 2012 sowohl personen- als auch umsatzbezogen zugenommen (FFA 2018c: 29), doch steht diesem moderaten Zuwachs ein starker Anstieg der Filmstarts gegenüber: Sind im Jahr 2007 durchschnittlich 3,4 deutsche Filme pro Woche gestartet, sind es zehn Jahre später 4,8. Grund dafür sind nicht zuletzt die sich ändernden Marktbedingungen und die damit einhergehenden grundlegenden Umwälzungen im Nutzungsverhalten der Zuschauer – hierzu mehr in Kapitel Marktveränderungen durch neue Nachfrager: Der VoD-Markt in Deutschland.

Mit der höheren Zahl an Filmstarts sinkt die Chance für den einzelnen Film, noch wahrgenommen zu werden, sein Publikum zu finden und sich zu refinanzieren. Dies gilt umso mehr, als es schwerer geworden ist, sich in einer Welt mit zunehmenden und attraktiven medialen Angeboten durchzusetzen oder auch nur Aufmerksamkeit für das eigene Angebot zu erreichen. Diese neuen Medien- und Marktentwicklungen stellen deshalb auch neue Herausforderungen an das Marketing von Filmen. Mit einer besonderen Variante beschäftigt sich der nachfolgende Exkurs.

E.II. Exkurs: Influencer-Marketing in der Filmwirtschaft

Klaus Goldhammer und Mathias Birkel

Marketing-Kampagnen werden in der Regel von den Filmverleihern bzw. spezialisierten Agenturen konzipiert und realisiert. Dazu können Rundfunk- und Printwerbung, Filmplakate, Trailer und Previews, Merchandising und viele weitere Instrumente gehören. Immer häufiger übernehmen jedoch auch Produzenten selbst – zumindest teilweise – das Marketing von Filmen.

Ein relativ neuer Bereich ist dabei auch das Thema Influencer-Marketing. Die Bewerbung von Produkten mit Hilfe von einflussreichen Online-Persönlichkeiten etabliert sich aktuell in den verschiedensten Branchen als eine Marketingmaßnahme, mit wel-

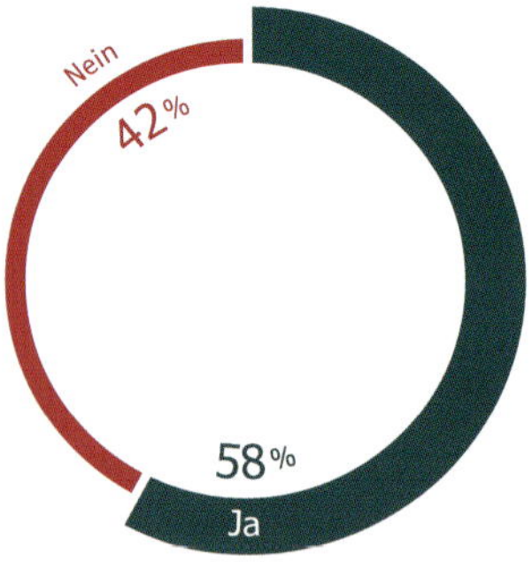

Abbildung 25: Übernahme von Marketing-Maßnahmen durch Produktionsunternehmen (2018, unternehmensbezogen)
Quelle: Branchenumfrage der HMS. Frage: „Übernehmen Sie (zumindest zum Teil) auch das Marketing für Ihre Produktionen?"

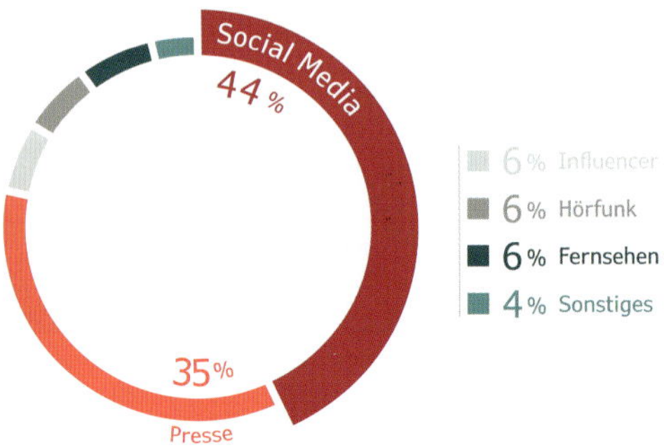

Abbildung 26: Marketing-Kanäle bei Übernahme von Marketing-Aufgaben durch Produktionsunternehmen (2018, unternehmensbezogen)
Quelle: Branchenumfrage der HMS. Frage: „Übernehmen Sie (zumindest zum Teil) auch das Marketing für Ihre Produktionen? Ja, über folgende Marketingkanäle (Mehrfachantworten möglich)"

cher nicht nur junge Zielgruppen erreicht werden. Auch in der Filmwirtschaft werden Produktionen zunehmend über Social-Media-Plattformen und in Zusammenarbeit mit Online-Testimonials beworben.

E.II.1. Definition und Segmentierung

Als Influencer werden Online-Meinungsführer definiert, die mit Hilfe von auf sozialen Netzwerken geteilten Inhalten Einfluss auf eine überdurchschnittlich hohe Anzahl an Fans bzw. Follower ausüben (Goldmedia 2018a: 30).

Die Zusammenarbeit mit Influencern ist inzwischen Teil der Social-Media-Marketingstrategie von vielen Unternehmen, wobei auch Bereiche der Online-PR und des Content-Marketings bedient werden (vgl. Abbildung 27). Dadurch werden beispielsweise Offline-Events in die digitale Welt transportiert und Anschlusskommunikation gefördert.

Dabei verläuft Influencer-Marketing nach den Prinzipien der elektronischen Mund-zu-Mund-Kommunikation. In der Filmindustrie ist die sogenannte Mundpropaganda von großer Bedeutung, da sie – neben filmspezifischen Faktoren wie Genre, Besetzung oder dem Budget – über den Erfolg eines Films mitentscheidet.

Durch Freunde oder Bekannte kommunizierte Filmkritiken lösen Netzwerkeffekte aus und können sich positiv oder negativ auf die Zuschauerzahlen auswirken. Da sich Follower häufig mit Influencern identifizieren oder parasoziale Beziehungen zu ihnen aufbauen, multipliziert sich dieser Effekt in der Online-Welt um ein Vielfaches. Daher wird Influencer-Marketing auch in der Filmindustrie zunehmend Beachtung geschenkt.

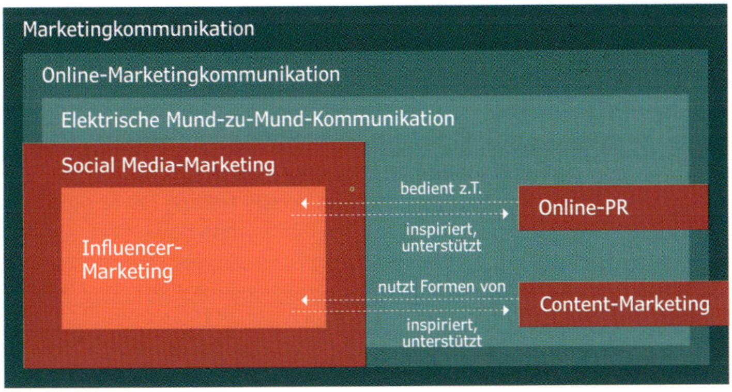

Abbildung 27: Influencer-Marketing im Ökosystem der Marketing-Kommunikation
Quelle: Goldmedia-Analyse.
Anmerkung: Rechtecke repräsentieren Prinzipien bzw. Kategorien der Marketing-Kommunikation, Ellipsen und Kreise repräsentieren spezifische Marketing-Formen bzw. -Ansätze

Für eine Differenzierung verschiedener Gruppen von Influencern kann zunächst die maßgebliche Dimension der Reichweite herangezogen werden, für welche die Followerzahl als Maßstab gesetzt wird. Die Anzahl von 10.000 Followern wird als Schwellenwert betrachtet, ab dem ein Influencer ausreichend Personen erreicht, um einen Effekt zu erzielen. Daraus abgeleitet lassen sich Mikro-Influencer (10.000 bis 150.000 Follower), Meso-Influencer (150.000 bis 800.000 Follower) und Makro-Influencer (über 800.000 Follower) unterscheiden.

Die zweite Dimension bezieht sich auf den Ursprung des Einflusses. Hierbei ist zunächst zu unterscheiden, ob Einzelpersonen oder Organisationen als Influencer agieren. Innerhalb der beiden Kategorien kann zwischen Influencern unterschiedenen werden, die online zu Bekanntheit gelangten (z.B. die Einzelperson Pamela Reif oder die Organisation Amazon) und jenen, die abseits der Online-Welt bekannt wurden (z.B. Heidi Klum oder Mercedes Benz).

Mit der Anwendung beider Dimensionen ergibt sich eine Matrix, die zwölf Influencer-Gruppen abbildet (vgl. Abbildung 28). Als Influencer im engeren Sinne werden diejenigen Einzelpersonen betrachtet, die primär online beispielsweise über YouTube, Instagram oder mit Hilfe von Blogs, Bekanntheit erreichten.

Ursprung des Einflusses / Social Media-Reichweite		Persönlich		Organisatorisch	
		Online (primär)	Offline (sekundär)	Online (primär)	Offline (sekundär)
Makro	Hoch	Stars		Weit verbreitete Marken	
		Pamela Reif, Die Lochis, Lisa und Lena	Heidi Klum, Elias M'barak, Palina Rojinski, Angela Merkel	Amazon, Facebook, eBay	Mercedes Benz, FC Bayern, Disney
Meso	Mittel	Prominente		Verbreitete Marken	
		Janina Uhse, Milena Le Secret, Jüli Mery	Til Schweiger, Daniela Katzenberger, Mario Barth	Netflix, Spotify, Zalando	Rossmann, Deutsche Bahn, ZDF heute Show, German's Next Top Model
Mikro	Niedrig	Nischen-Persönlichkeiten		Nischen-Marken	
		Mr. Handwerk, Nicoles Zuckerwerk, Wohnprinz	Steffen Hensler, Laura Dahlmeier, Michael Michalsky	Lieferheld, radio.de, Xing	Greenpeace Deutschland, Fritz-Kola, Promi Big Brother

Abbildung 28: Matrix ausgewählter einflussreicher Social-Media-Akteure
Quelle: Goldmedia-Analyse.
Anmerkung: Kursiv = Beispiele. Das Level der Social-Media-Reichweite ist als relative Beschreibung für jede Kategorie zu verstehen (z.B. könnten Offline-Nischen-Marken und -Persönlichkeiten signifikant mehr Follower haben als Online-Nischen-Marken und -Persönlichkeiten, jedoch haben sie innerhalb ihrer jeweiligen Kategorie eine vergleichsweise niedrige Anhängerschaft).

E.II.2. Relevanz verschiedener Social-Media-Plattformen für das Influencer Marketing

In der Filmindustrie werden Produktionen bereits entlang der kompletten Wertschöpfungskette auf verschiedenen Plattformen beworben, sodass die Aufmerksamkeit der Zielgruppe durch Schauspieler, Direktoren, Produzenten, Vertriebsorganisationen, Produktionsunternehmen, Kinos, Magazine und/oder Filmförderer darauf gelenkt wird.

Einer der Vorreiter dieser Entwicklung erregte bereits im Jahr 2014 Aufmerksamkeit durch Veröffentlichungen in sozialen Netzwerken: Zack Snyder. Der Regisseur von *Batman v Superman: Dawn of Justice* twitterte bereits zwei Jahre vor der Veröffentlichung des Films regelmäßig aktuelle Entwicklungen vom Set (vgl. Abbildung 29).

In unterschiedlichen kommerziellen Studien wurde die Relevanz verschiedener Plattformen aus der Perspektive von Marketingexperten, Influencern und Nutzern bzw. Konsumenten erforscht. Deren Ergebnisse lassen die führende Rolle der Plattformen Instagram und Facebook im Bereich des Influencer-Marketings erkennen. Ebenfalls zu den Top 5 der beliebtesten Influencer-Plattformen gehören Twitter, Blogs und YouTube. Jeweils mit Abstand folgen Pinterest, Snapchat und Google+ (vgl. Abbildung 30).

Abbildung 29: Tweet von Regisseur Zack Snyder vom Filmset Batman v Superman
Quelle: Twitter: @9.

Eine umfangreiche Analyse der Influencer-Aktivitäten in deutschsprachigen Regionen macht deutlich, dass hier der Fokus vor allem auf Instagram liegt, gefolgt von Facebook und YouTube (vgl. Kapitel Marktvolumen von Influencer Marketing in Deutschland).

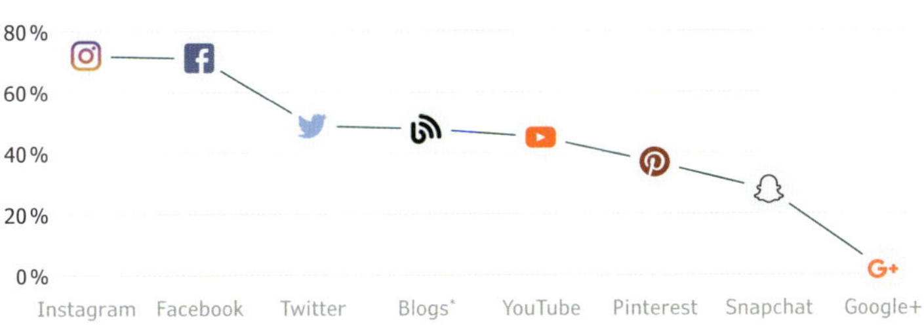

Abbildung 30: Relative Bewertung der Relevanz von Social-Media-Kanälen für Influencer-Marketing durch Konsumenten, Influencer und Marketingexperten (2016 bis 2017, in %)
*Quelle: Goldmedia 2018b (nach: Bloglovin' 2016: 5, Bloglovin' 2017: 9, BVV 2018: 8); Chute Corporation 2016: 5; Fashion Beauty Monitor & Econsultancy 2016: 12; Hashoff 2017: 5; Linqia 2016: 8; Vuelio 2017: 12. *Blogs: eigenständige oder auf Plattformen wie Tumblr veröffentlichte. Aufgrund der unterschiedlichen Fragestellungen in den Umfragen sind die Prozentangaben als eine relative Bewertung der verschiedenen Plattformen zu verstehen.*

E.II.3. Marktvolumen von Influencer Marketing in Deutschland

Zur Berechnung des Marktvolumens für Influencer-Marketing in Deutschland wurden durch Goldmedia umfangreiche Analysen auf Grundlage von Social Media Analytics durchgeführt, Informationen von Influencern zur Preispolitik genutzt sowie Interviews mit Experten im Bereich Influencer-Marketing geführt.

Mit Hilfe extrapolierter Daten der Plattform Instagram sowie Expertenschätzungen wurde ermittelt, dass im Jahr 2017 in Deutschland insgesamt rund 25.000 Primäre, persönliche Influencer (vgl. Kapitel Definition und Segmentierung) aktiv waren, d.h., YouTuber, Instagrammer und andere, die online Bekanntheit erlangten und zu Influencern im engeren Sinne zählen.

Die Umsatzanalyse ergab, dass durch Influencer in Deutschland im Jahr 2017 rund 500 Mio. EUR generiert wurden. Dabei wurde der Nettobetrag aller monetären und nicht-monetären Erträge (z.B. kostenlose Produktproben und Dienstleistungen) einbezogen.

Instagram ist in Deutschland mit den meisten stattfindenden Aktivitäten die relevanteste Social-Media-Plattform für Influencer. Über drei Viertel der Influencer sind auf der Bild- und Video-Sharing-Plattform aktiv, wie die Analyse ergab. Darüber hinaus nutzt etwa die Hälfte Facebook und YouTube. Auf allen anderen Plattformen sind die Influencer-Aktivitäten signifikant niedriger, beispielsweise nutzt etwa ein Viertel der Online-Berühmtheiten Twitter, Blogs oder Snapchat.

Für die Entwicklung bis zum Jahr 2020 wird für den Markt des Influencer-Marketings in Deutschland eine jährliche Wachstumsrate von rund 20 % prognostiziert. Unter Annahme der voranschreitenden Professionalisierung der Industrie sowie stabilen makroökonomischen Bedingungen in der Eurozone wird der Markt für Influencer-Marketing in Deutschland daher 2020 auf eine Größe von mehr als 800 Mio. EUR monetären und nicht-monetären Umsatzes anwachsen (vgl. Abbildung 31) und damit das Volumen von einem Sechstel des in Deutschland durch Fernsehwerbung generierten Umsatzes erreichen.

Abbildung 31: Größe des Marktes für Influencer-Marketing in Deutschland (Schätzung, 2017 bis 2020)
Quelle: Goldmedia 2018b.

Mit hoher Wahrscheinlichkeit wird sich der Influencer-Markt so zu einer professionalisierten Industrie entwickeln. In diesem Zuge wird sich die Zusammenarbeit mit einflussreichen Online-Testimonials in Social-Media-Marketingstrategien auch für Filmproduktionen weiter entwickeln.

In der Filmwirtschaft ist dabei zu überlegen, inwiefern bei Marketing-Kampagnen verstärkt Akteure entlang der Wertschöpfungskette einbezogen werden sollten, um die Chancen der digitalen Mund-zu-Mund-Kommunikation umfassend zu nutzen.

E.III. TV-Produktionsvolumen

Oliver Castendyk

Lange wurde diskutiert, ob Programmausgaben öffentlich-rechtlicher und privater Sender, z.B. für Kinofilmproduktionen, gestiegen oder gesunken sind. Es bestand das Bedürfnis, diese Diskussionen mit Daten zu versachlichen. Sowohl die Produzentenallianz als auch Transparency International Deutschland hatten deshalb einen Produzentenbericht von den Sendern gefordert. Darin sollten die jährlich an externe Dritte geflossenen Programmausgaben in EUR dargestellt werden: differenziert nach

Bild 10: *Aenne Burda – Die Wirtschaftswunderfrau* (2018), Polyphon Pictures / SWR, Foto: Hardy Brackmann

Eigen- und Auftragsproduktionen, Koproduktionen und Lizenzproduktionen sowie nach Genres.

Diese Forderung wurde, wenn auch in unterschiedlichem Umfang, aufgegriffen. Die ARD hat inzwischen den dritten Produzentenbericht vorgelegt. Dazu kommen die Produzentenberichte einzelner Landesrundfunkanstalten, wie z.B. des WDR. Das ZDF veröffentlicht zumindest eine entsprechende Jahresplanung für das künftige Jahr (ZDF: @10). Private Sender sind zwar gegenüber der Kommission zur Ermittlung der Medienkonzentration (KEK) verpflichtet, Bezugsquellen des in einem Jahr erstausgestrahlten Programms (nach Unternehmen, Länge, Genre, Bezugsart) offenzulegen. Diese Liste wird jedoch nicht veröffentlicht. Auch der Umfang der Eigenproduktionen wird nicht veröffentlicht.

Die Produzentenberichte der ARD sind vollständiger und detailreicher als die Angaben des ZDF. Allerdings fehlen auch in den ARD-Produzentenberichten Angaben zu Eigenproduktionen und sind die Differenzierungen zu Genres zum Teil wenig aussagekräftig. Daten zu den Programminvestitionen in deutsche Programme privater Sender fehlen.

Obwohl sich mit den Produzentenberichten der öffentlich-rechtlichen TV-Anbieter die Datenlage deutlich verbessert hat, ist es angesichts der fehlenden Daten bei der privaten Konkurrenz nach wie vor sinnvoll, das Produktionsvolumen für öffentlich-rechtliche TV-Sender und die großen privaten Sendergruppen (ProSiebenSat.1-[30] und RTL-Gruppe[31]) zu ermitteln und dabei herauszufinden, ob es sich dabei um Kauf-, Eigen-, Auftrags- oder Koproduktionen handelt. Aus diesem Grunde wurde auf der Basis einer typischen TV-Woche[32] ermittelt, welche Produktionen als Eigen,- Auftrags- oder Koproduktionen erstausgestrahlt wurden. Nur die

30 Umfasst sind die Programme von ProSieben, Sat.1 und kabel eins; weitere Sender der Gruppe wie z.B. SIXX wurden nicht berücksichtigt.

31 Umfasst sind die Programme von RTL, RTL2 und VOX; weitere Sender der Gruppe wie z.B. Super RTL wurden nicht berücksichtigt.

32 Näheres zur Beispielwoche und zur Hochrechung siehe Kapitel Durchführung und Methodik der Studie.

Analyse der Erstausstrahlungen von Eigen- und Auftragsproduktionen gibt Auskunft zum Produktionsvolumen der Sender.[33]

E.III.1. Eigen- und Auftragsproduktionen deutscher TV-Sender

Bei den öffentlich-rechtlichen Sendern überwiegt nicht die Auftrags- sondern die Eigenproduktion. Im ARD-Programm liegt das Verhältnis bei 1 zu 1,7, beim ZDF bei 1 zu 1,9 und bei den Dritten Programmen sogar bei 1 zu 3,8. Wichtigstes Genre, das mit Eigenproduktionen abgedeckt wird, ist das der Information, sei es in Form von Nachrichten, sei es in Form von Magazinsendungen, bei den Dritten häufig im Bereich der regionalen Information.

Tabelle 4: Gesamtoutput erstausgestrahlter deutscher Auftrags- und Eigenproduktionen nach TV-Sendern (2017, in Minuten) 2017
Quelle: Eigene Recherche der HMS auf Grundlage einer TV-Woche.

2017	Auftragsproduktionen	Eigenproduktionen	Gesamt
Das Erste	102.300	176.200	278.500
ZDF	105.200	198.000	303.200
Dritte Sender	191.000	736.000	927.000
ProSiebenSat.1	214.600	57.200	271.800
RTL	283.000	123.600	406.600
Gesamt	**896.100**	**1.291.000**	**2.187.100**

Auch bei den Sendern der ProSiebenSat.1- und der RTL-Gruppe machen Informationssendungen einen wichtigen Anteil der Eigenproduktionen aus, wobei Sat.1 allerdings viele Informationssendungen, wie etwa das Sat.1-Frühstücksfernsehen (210 Minuten pro Werktag) bei Dritten in Auftrag gibt.

Das Verhältnis von Eigen- zu Auftragsproduktionen hat sich seit 2011 bei den öffentlich-rechtlichen Fernsehprogrammen wenig geändert, wohl aber bei den privaten:

Tabelle 5: Gesamtoutput erstausgestrahlter deutscher Auftrags- und Eigenproduktionen nach TV-Sendern (2011, in Minuten)
Quelle: Castendyk / Goldhammer 2012: 55.

2011	Auftragsproduktionen	Eigenproduktionen	Gesamt
Das Erste	102.300	153.000	255.300
ZDF	106.100	200.000	306.100
Dritte Sender[34]	189.100	1.028.500	1.217.600
ProSiebenSat.1	236.700	39.000	275.700
RTL	171.000	128.300	299.300
Gesamt	**805.200**	**1.548.800**	**2.354.000**

Bei ProSiebenSat.1 ist der Anteil, der von eigenen Tochterunternehmen hergestellt wurde, gestiegen, bei RTL hingegen hat sich das Verhältnis von Auftrags- zu Eigenproduktionen (1,3 zu 1 im Jahr 2011) deutlich zugunsten der Auftragsproduktionen verschoben (2,3 zu 1 im Jahr 2017).

33 Keine Erstausstrahlungen sind Wiederholungen. Dazu rechnen wir jede Wiederholung im deutschen Fernsehen (ggf. auch auf einem anderen Sender) und nicht nur Wiederholungen, die am gleichen Tag in der Nacht oder am nächsten Morgen erfolgen (vgl. Kapitel Durchführung und Methodik der Studie.).

34 Es wurden Anpassungen bei den Dritten Sendern vorgenommen (vgl. Kapitel Durchführung und Methodik der Studie).

Produktionen von Sendertöchtern werden hier als Eigenproduktionen gezählt, wenn die Unternehmen mit dem Sender gesellschaftsrechtlich verflochten sind und nur[35] für den Sender bzw. die Sendergruppe arbeiten. Denn aus unserer Sicht macht es keinen Unterschied, ob ein Sender seine Nachrichten und aktuellen Formate inhouse produziert oder ob er das Produktionsvolumen an ein Unternehmen outgesourct hat, das zu 100 % zum Sender gehört und ausschließlich für den Sender arbeitet. Die Tatsache, dass im Konzern ein Betriebsteil als eigenes Unternehmen geführt wird, sollte am Status der Eigenproduktion nichts ändern.

Bricht man das Verhältnis von Eigen- zu Auftragsproduktionen auf die einzelnen ARD-Sender herunter, dann zeigen sich ebenfalls erhebliche Unterschiede. Während ein Sender wie der WDR ein gutes Drittel seines Outputs bei Dritten akquiriert, liegt der Anteil des Hessischen Rundfunks im niedrigen einstelligen Bereich.

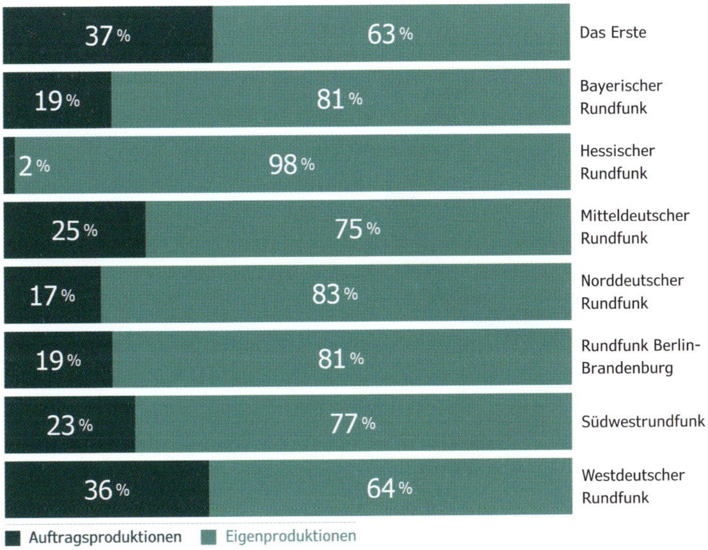

Abbildung 32: Deutsche Erstausstrahlungen der ARD-Sender nach Eigen- und Auftragsproduktionen (2017)
Quelle: Eigene Recherche der HMS auf Grundlage einer TV-Woche.

Die Betrachtung der finanziellen Umsätze bestätigt die Perspektive des Outputs in Minuten: Der Hessische Rundfunk weist im ARD-Produzentenbericht 2016 lediglich eine Summe von insgesamt 1,9 Mio. EUR (Auftrags-, Ko- und Lizenzproduktionen zusammen) verteilt auf 18 Auftragnehmer-Produktionsunternehmen und sieben Lizenzgeber aus. Demgegenüber verteilt der WDR 109,7 Mio. EUR auf 304 Auftragnehmer und 297 Lizenzgeber. Der Hessische Rundfunk begründet seine Strategie der Eigenproduktion damit, dass das Sendevolumen trotz sinkender Budgets und Personalabbau habe vergrößert werden können (ARD 2016: 34). Allerdings wäre diese Aussage auch dann richtig, wenn sich herausstellen sollte, dass die Kosten der HR-Eigenproduktionen höher liegen als die der Auftragsproduktionen. Nur dieser Vergleich zwischen eigener Herstellung und Einkauf bei Dritten ist geeignet, finanzielle

35 Mindestens 99 % des Produktionsvolumens. Deshalb sind die Produktionen von InfoNetwork Eigen- und die von RedSeven Entertainment Auftragsproduktionen im Sinne dieser Definition.

Vor- und Nachteile der klassischen betriebswirtschaftlichen Fragestellung „Make or Buy" zu beurteilen.

Selbst wenn man berücksichtigt, dass der HR sich mit ca. 20 Mio. EUR am ARD-Auftragskuchen, z.B. im Rahmen der Degeto-Finanzierung, beteiligt, läge das kombinierte Auftrags-, Koproduktions- und Lizenzvolumen in Minuten bei ca. 13 %[36] und der Anteil am finanziellen Volumen damit nur knapp oberhalb der von Art. 17 der AVMD-Richtlinie geforderten Mindestgrenze: Danach müssen Sender mindestens 10 % ihres qualifizierten Programms (Bräunig / Kreile 2011: 529) bei vom Sender unabhängigen Produzenten erwerben (Castendyk in: von Hartlieb / Schwarz: 601).

E.III.2. Output-Vergleich zwischen öffentlich-rechtlichen und privaten TV-Sendern

Betrachtet man lediglich das Produktionsvolumen, das als Auftragsproduktion an Dritte vergeben wurde, liegen die privaten Auftraggeber vorn:

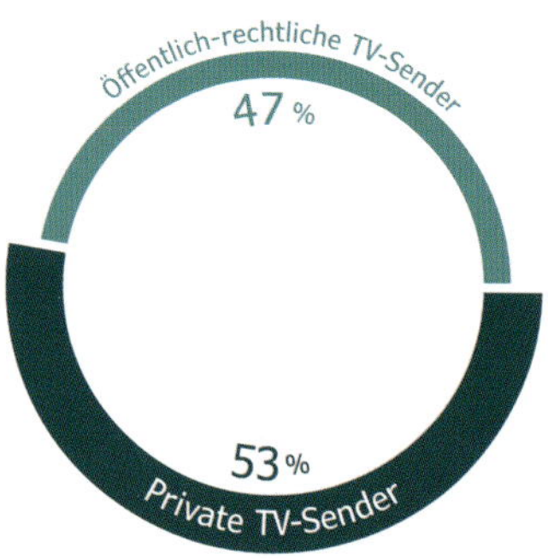

Abbildung 33: Auftragsvolumen in Sendeminuten nach Auftraggeber (2017)
Quelle: Eigene Recherche der HMS auf Grundlage einer TV-Woche.

Diese Verteilung liegt nahe am Ergebnis der FORMATT-Studie für das Jahr 2016 (FORMATT-Institut 2018: 131) und unterscheidet sich auch nur unwesentlich von den Verhältnissen im Jahr 2011.

Nimmt man hingegen die Eigenproduktionen hinzu, so dreht sich das Verhältnis und die öffentlich-rechtlichen Sender dominieren das Produktionsvolumen in Deutschland:

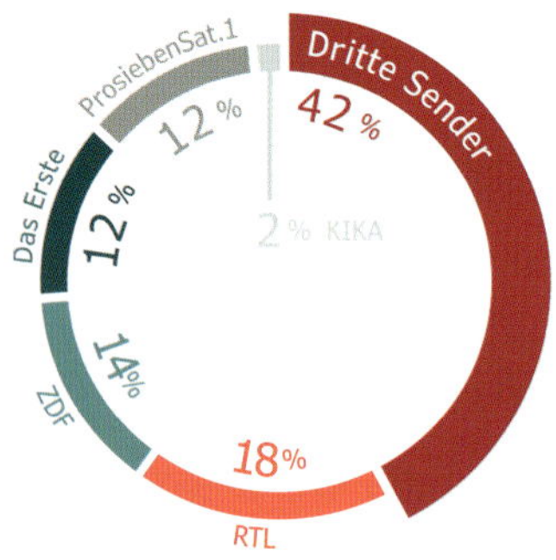

Abbildung 34: Verteilung der erstausgestrahlten Auftrags- und Eigenproduktionen nach TV-Sendern (2017)
Quelle: Eigene Recherche der HMS auf Grundlage einer TV-Woche.

Der hohe Anteil von Eigenproduktionen der öffentlich-rechtlichen TV-Sender lässt sich auch damit erklären, dass die – bei den Rundfunkanstalten überwiegenden – Informations- und Infotainment-Genres oft als Eigenproduktionen inhouse hergestellt werden, während alle anderen Genres typischerweise „nach draußen" an unabhängige oder abhängige Produktionsunternehmen gegeben werden.

E.III.3. Genres bei Auftragsproduktionen

Betrachtet man die Genres, die die vier großen Sendergruppen bei den Produzenten in Auftrag geben, dann zeigen sich große Unterschiede beim Output in Sendeminuten. Der Schwerpunkt der Auftragsvergabe der ARD liegt bei Fiction. ZDF, die ProSiebenSat.1- und die RTL-Gruppe beauftragen überwiegend Entertainment-Genres, zu denen Reality / Factual Entertainment, Scripted Entertainment, Comedy und Show gehören.

Obwohl die ARD fiktionale Programme zum Teil sogar noch inhouse produziert, ist der zeitliche Anteil fast doppelt so hoch wie beim ZDF. Be-

36 Der Programmaufwand des HR lag 2016 bei 159 Mio. EUR (KEF 2018: 77).

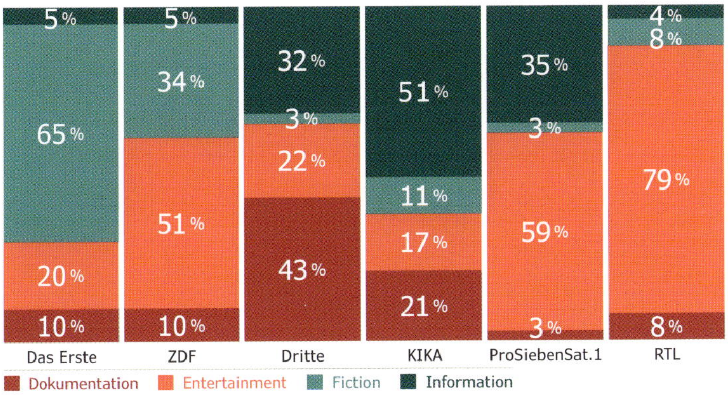

Abbildung 35: Erstausgestrahlte Auftragsproduktionen nach Genre (2017)
Quelle: Eigene Recherche der HMS auf Grundlage einer TV-Woche.

trachtet man hingegen den Umsatz für Fiction-Programme aus Deutschland, liegen ARD und ZDF mit jeweils rund 400 Mio. EUR ungefähr gleich auf. Bei der RTL-Gruppe schätzen wir das Fiction-Umsatzvolumen im Jahr 2017 auf rund 250 Mio. EUR, bei der ProSiebenSat.1-Gruppe auf rund 100 Mio. EUR. Einer der Gründe für die Unterschiede zwischen ProSiebenSat.1- und RTL-Gruppe ist, dass RTL mit *Gute Zeiten, schlechte Zeiten*, *Unter uns* und *Alles was zählt* drei Daily Soaps ausstrahlt.

Bild 11: *Gute Zeiten, schlechte Zeiten*, UFA Serial Drama / RTL, Foto: Bernd Jaworek

Produzentenstudie 2018

F. GRAD DER KONSOLIDIERUNG UND VERTIKALE BZW. HORIZONTALE INTEGRATION DER DEUTSCHEN FILMINDUSTRIE

F. GRAD DER KONSOLIDIERUNG UND VERTIKALE BZW. HORIZONTALE INTEGRATION DER DEUTSCHEN FILMINDUSTRIE

Oliver Castendyk

F.I. Die zehn umsatzstärksten Produktionsunternehmen

Die erste *Produzentenstudie 2012* bot erstmals ein Ranking der umsatzstärksten deutschen Produktionsunternehmen. Anders als bis dahin übliche Rankings[37] wurde nur der Umsatz ausgewiesen, den das Unternehmen durch die Herstellung und Verwertung eigener Produktionen erwirtschaftet hat, nicht aber in horizontal vor- und/oder nachgelagerten Märkten (Technik, Studio, Verleih etc.) erzielte Umsätze. Die Umsätze der Tochterunternehmen wurden nach Anteilen gewichtet zugerechnet. Sechs Jahre später haben wir wieder die zehn umsatzstärksten klassischen Produktionsunternehmen ermittelt[38] und können nun vergleichen.

Ranking 2017	Produktionsumsatz 2017	Ranking 2011	Produktionsumsatz 2011
1. UFA	**~ 240 Mio. EUR**	1. UFA	~ 300 Mio. EUR
2. Constantin Film	**~ 190 Mio. EUR**	2. Constantin Film	~ 179 Mio. EUR
3. Studio Hamburg	**~ 180 Mio. EUR**	3. Studio Hamburg	~ 160 Mio. EUR
4. Bavaria Film	**~ 155 Mio. EUR**	4. Bavaria Film	~ 136 Mio. EUR
5. ZDF Enterprises[37]	**~ 140 Mio. EUR**	5. ZDF Enterprises	~ 120 Mio. EUR
6. All3Media[38] ↑	**~ 110 Mio. EUR**	6. BRAINPOOL TV	~ 92 Mio. EUR
7. Beta Film NEU	**~ 95 Mio. EUR**	7. MME Moviement	~ 91 Mio. EUR
8. EndemolShine-Gruppe[39]	**~ 90 Mio. EUR**	8. Endemol Deutschland	~ 86 Mio. EUR
9. ITV-Gruppe[40]	**~ 80 Mio. EUR**	9. ITV Studios Germany	~ 65 Mio. EUR
9. Warner Bros. NEU	**~ 80 Mio. EUR**	10. ndf neue deutsche Filmges.	~ 55 Mio. EUR

Tabelle 6: Die zehn umsatzstärksten Produktionsunternehmen 2017 und 2011 im Vergleich (nach reinem Produktionsumsatz)
Quelle: Eigene Erhebung der HMS basierend auf der Branchenumfrage, den Unternehmens-Jahresabschlüssen sowie qualifizierten Schätzungen auf Basis von Steigerungsraten und Hintergrundgesprächen.

Die beiden Spitzenpositionen haben sich nicht verändert: Marktführer auf dem Produktionsmarkt sind nach wie vor die beiden privaten Produktionsunternehmen UFA und Constantin. Es folgen drei öffentlich-rechtliche Tochterunternehmen: Studio Hamburg, Bavaria Film und ZDF Enterprises.

37 Z.B. IfM 2012.
38 Zur Ermittlungsmethode siehe Kapitel Durchführung und Methodik der Studie.
39 ZDF Enterprises inkl. Kofinanzierungsanteile.
40 MME Moviement wurde von All3Media übernommen.
41 Berücksichtigt sind: Endemol Shine Germany, Wiedemann & Berg Television, F.L.O.R.I.D.A. TV, META productions, Herr P.
42 Berücksichtigt sind: ITV Studios Germany, Imago TV, Talpa Germany.

Die größeren Unterschiede finden sich im zweiten Teil der Top 10, den Plätzen 6 bis 10. Zwar sind die drei erfolgreichen, international vernetzten Produktionskonzerne Endemol (heute EndemolShine), MME Moviement (heute All3Media) und ITV-Gruppe wieder dabei, nicht aber die beiden unabhängigen Produktionsunternehmen BRAINPOOL (nunmehr Teil des Banijay-Konzerns) und ndf neue deutsche Filmgesellschaft. Stattdessen ist Beta Film, deren Produktionsaktivitäten in den letzten Jahren deutlich ausgeweitet wurden, und Warner Bros., durch den Zukauf von Eyeworks, der Aufstieg in die Top 10 gelungen.

Die Produktionstöchter der beiden großen privaten Sendergruppen, schaffen es nur deshalb nicht in die Top-10-Liste, weil ihre Produktionen überwiegend als Eigenproduktionen zählen. Eine Produktionstochter eines Sendeunternehmens gehört nach unserer Definition, nur dann zur Grundgesamtheit der deutschen Film- und TV-Produktionswirtschaft, wenn sie in einem nicht völlig zu vernachlässigenden Umfang (mindestens 1 %) auch für Dritte produziert (vgl. Kapitel Eigen- und Auftragsproduktionen deutscher TV-Sender). Dies ist nach unseren Informationen weder bei InfoNetwork noch bei ProSiebenSat.1 Produktion der Fall. Diese Unternehmen sind deshalb nichts als eine rechtlich ausgegliederte Eigenproduktions-Unit der Sendergruppe. Anders liegt der Fall bei Red-Seven Entertainment, die auch für dritte Auftraggeber produziert und im Top-20-Ranking vertreten wäre.

F.I.1. Unternehmensstrukturen der umsatzstärksten Produktionsunternehmen

Hinsichtlich der Unternehmensstruktur der drei umsatzstärksten Produktionsunternehmen kam es innerhalb der letzten sechs Jahre zu diversen Veränderungen: Die UFA Gmbh (vormals UFA Film & TV Produktion GmbH) hat ihre Unternehmensstruktur stark verdichtet und ihre damals noch zehn Produktionsunits zusammengelegt bzw. aufgelöst.

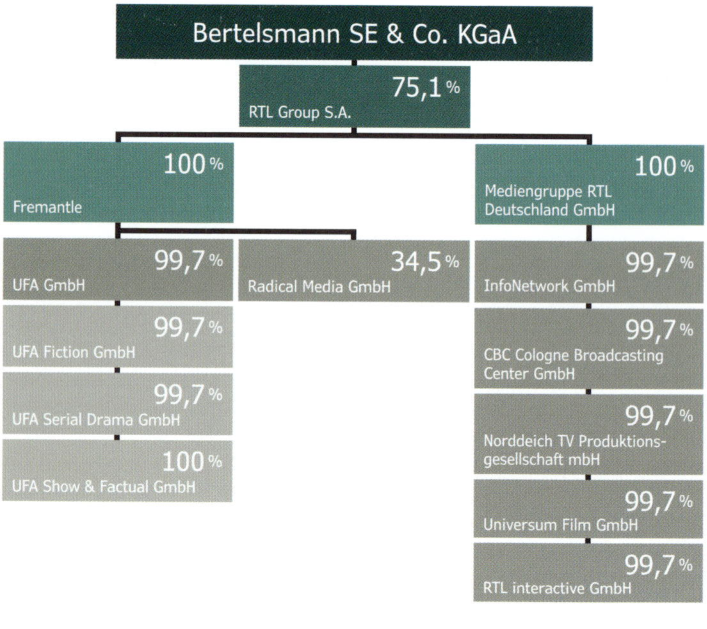

Abbildung 36: Unternehmensstruktur der UFA GmbH
Quelle: Eigene Recherche und Darstellung der HMS.

Abbildung 37: Unternehmensstruktur der Constantin Film AG
Quelle: Eigene Recherche und Darstellung der HMS.

Bei der Constantin Film AG haben sich die Beteiligungsverhältnisse grundlegend verschoben. Innerhalb der Studio-Hamburg-Gruppe (siehe Abbildung 38) standen diversen Neugründungen von Tochterunternehmen (z.B. B.vision Media) Veräußerungen (z.B. Beckground TV) und Verschmelzungen (Polyphon-Töchter) gegenüber.

F.II. Konsolidierung der deutschen Film- und TV-Produktionsindustrie?

Endemol, der damals zweitgrößte Produzent der Welt mit einem Umsatz von 1,2 Mrd. EUR, fusioniert 2014 mit Shine, einer Produktionsgruppe, die selbst wiederum durch Fusionen und Zukäufe auf einen Umsatz von 600 Mio. EUR gewachsen war (Lückerath 2014). 2015 übernimmt ITV Studios, die zweitgrößte britische Produktionsfirma Talpa Media für eine halbe Milliarden Euro (ITV 2015). Kurz darauf legen die französische

Abbildung 38: Unternehmensstruktur der Studio Hamburg GmbH
Quelle: Eigene Recherche und Darstellung der HMS.

Banijay und die britische Zodiak Media ihre Programmkataloge und Produktioseinheiten zusammen (Kloo 2015). In diesem Jahr wird erstmals eine sogenannte Major Company (Disney) eine andere (21th Century Fox) übernehmen (dpa 2018). Neben diesen Mega-Fusionen, die sich mindestens mittelbar auf den deutschen Produktionsmarkt auswirken, wurden in den letzten 20 Jahren auch hierzulande kleinere Produktionsunternehmen von größeren aufgekauft, z.B. Eyeworks von Warner Bros. International Television (Weis 2015), Tresor TV von der Keshet-Gruppe (Krei / Lückerath 2017); zuletzt wurde Hager Moss Film Teil der Constantin-Film-Familie (Pauker 2018).

Sind diese Zukäufe und Fusionen ein Anzeichen einer immer größeren Marktkonsolidierung auf dem Film- und TV-Produktionsmarkt in Deutschland? Entfallen immer größere Marktanteile auf konzernangebundene Unternehmen? Steigen die Umsätze der Sender mit ihren Tochterunternehmen und ist der Konzernzusammenhang der Grund dafür? Diese Fragen wollen wir im folgenden Kapitel näher untersuchen.

Wir wollen, soweit möglich, die Fragen in folgender Reihenfolge beantworten: (1.) Findet eine Konsolidierung statt? D.h., ist es empirisch nachweisbar, dass die Zahl der Produktionsunternehmen abnimmt? (2.) Steigen die Umsätze von immer weniger großen Playern am Markt und bleibt für die „Kleinen" ein jedes Jahr schrumpfender Marktanteil? (3.) Nehmen Zahl und Umsätze der Unternehmen zu, die mit Sendern zunehmend vertikal integriert sind und steigt deren Umsatz insgesamt oder zumindest der Umsatz mit dem Mutterunternehmen? Und wie ändert sich das Bild, wenn sie (4.) zu internationalen, global tätigen Medienkonzernen gehören? Alle vier Fragen sind mit Bezug auf die Zahl der Unternehmen und ihrer Umsatzverteilung zu beantworten. Soweit Daten vorliegen, wollen wir (5.) die Situation hierzulande mit der in Großbritannien vergleichen, um das nationale Bild besser einordnen zu können.

Vergleicht man die Anzahl der TV-Produktionsunternehmen, die 2011 und 2017 aktiv im Markt tätig waren und mehr als 100.000 EUR Umsatz generierten, so hat sich diese Zahl laut Umsatzsteuerstatistik kaum verändert.

Diese Zahlen betreffen sowohl die klassischen Produzenten (TV und Kino), die Rechnungen mit 7 % Umsatzsteuer stellen, als auch die Produzenten im weiteren Sinne, wie z.B. Werbung, Image- und Industriefilm- oder Dienstleisterproduzenten, Kamera- und EB-Teams, die ihre Dienstleistungen häufig mit 19 % besteuern. Auch wenn man die Unternehmen mit einem Umsatz von mehr als 1 Mio. EUR im Jahr betrachtet, fluktuiert die Zahl in den Jahren von 2010 bis 2015 zwischen 400 und 470 Unternehmen und sinkt erst 2016 auf 368.

Die im Frühling 2018 veröffentlichte FORMATT-Studie für die Jahre 2015 und 2016 berichtet von einem leichten Rückgang bei den klassischen Produktionsunternehmen von 864 im Jahr 2014 auf 815 Unternehmen 2016. Auch unsere eigene Datenbank bestätigt den von

Bild 12: *Naked Attraction*, Tower Productions / RTL2, Foto: Claudius Pflug

der FORMATT-Studie festgestellten, leichten Rückgang der Anzahl von TV- und Kinoproduzenten ebenfalls mit einem Rückgang von rund 5 % bis 2017. Dennoch: Die Abnahme bei der Zahl der am Markt tätigen Unternehmen ist so gering, dass sie nicht als Anzeichen für eine Marktkonsolidierung gelten kann.

Interessanter wird es, wenn man die Zahl der Unternehmen zwischen 10 Mio. und 100 Mio. EUR Umsatz im Jahr betrachtet: Diese Zahl ist in der amtlichen Statistik seit 2010 klar angestiegen. Es gibt mehr Produktionsunternehmen, die einen Umsatz von mehr als 10 Mio., mehr als 25 Mio. und mehr als 50 Mio. EUR aufweisen. Die Zahl der größeren Unternehmen hat also zugenommen.

Auch lässt sich bei den Unternehmen mit mehr als 25 Mio. EUR Jahresumsatz eine leichte Tendenz zu einer größeren Konzentration der Umsätze feststellen. Dies liegt vor allem an der Zahl der Unternehmen dieser Umsatzgrößen (> 25 Mio. EUR): Sie ist seit 2010 von 27 auf 25 Unternehmen gesunken.

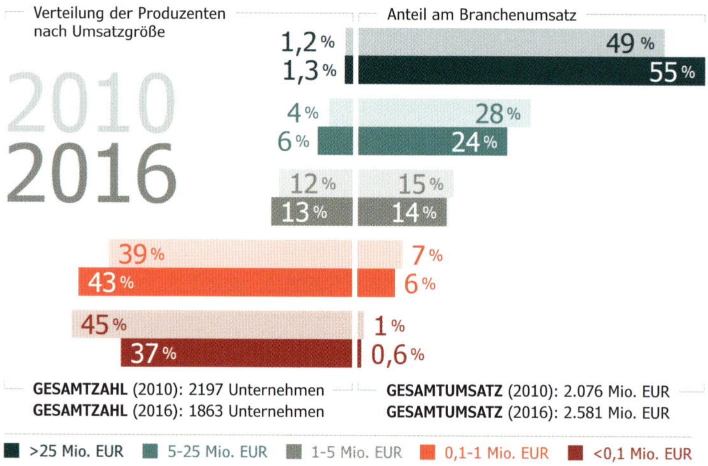

Abbildung 39: Marktstruktur nach Umsatzsteuerklassen (2016 und 2010)
Quelle: Statistisches Bundesamt (Sonderauswertung von Destatis 2012 sowie Destatis 2018).

F.II.1. Vertikale Integration: Verflechtung mit TV-Sendern

In diesem Abschnitt wollen wir zunächst die Frage beantworten, ob auch die Zahl oder der Umsatzmarktanteil der vertikal integrierten Produktionsunternehmen gegenüber den „Indies" zugenommen hat. Weiterhin möchten wir prüfen, ob diese Umsätze mit den vertikal integrierten Mutterunternehmen erwirtschaftet wurden. Denn dies könnte nahelegen, dass die Produktionstöchter von ihrer vertikalen Integration oder zumindest von der Nähe zu den Auftraggebern profitieren.

Bevor wir uns den Zahlen zuwenden, sind Erläuterungen notwendig, denn „Indie" ist nicht gleich „Indie": Wenn von „unabhängigen Produzenten" gesprochen wird, können sich dahinter verschiedene Konzeptionen von Unabhängigkeit verbergen. Sie haben alle etwas mit vertikaler Integration zu tun, aber in unterschiedlicher Weise.

Zunächst geht es um die Unabhängigkeit von einem TV-Sender. Dies ist zum Beispiel der Blickwinkel von Art. 17 der Richtlinie über audiovisuelle Mediendienste (AVMD), die eine Quote zugunsten von senderunabhängigen Produzenten vorschreibt und vor allem Sender betrifft, die ganz überwiegend Eigenproduktionen ausstrahlen.[43]

Der Marktanteil der senderabhängigen Unternehmen am klassischen TV- und Filmproduktionsmarkt liegt nach unserer Umsatzhochrechnung bei einem Drittel. Dem entspricht auch das Ergebnis unserer Hochrechnung der in Auftrag gegebenen Programmminuten: Auf Basis einer typischen Beispielwoche[44] des Jahres 2017 wurde ermittelt, welche Produktionen als Eigen,- Auftrags- oder Koproduktionen erstausgestrahlt wurden.

Abhängigkeit von bzw. Verflochtenheit mit Sendern lässt sich entweder ausschließlich bezogen auf das Produktionsunternehmen prüfen („absolute Perspektive") oder relativ im Verhältnis zur jeweiligen Produktion. In der relativen Perspektive ist z.B. eine Produktion, die Studio Hamburg für RTL, ZDF oder ProSiebenSat.1 produziert, eine (relativ gesehen) unabhängige Produktion. Damit zählt nur das Produktionsvolumen, welches Studio Hamburg für verflochtene Unternehmen oder Programme (Das Erste und die Dritten Programme) herstellt, zur Kategorie „abhängiges Produktionsvolumen". Sowohl die absolute als auch die relative Definition der Abhängigkeit haben ihre Vor- und Nachteile; die absolute Definition misst stärker die horizontale Konsolidierung des Marktes, die relative wirft ein Licht auf das Ausmaß der vertikalen Integration. Da beide Definitionen ihre Berechtigung haben, werden hier beide parallel verwendet.

Die Unterschiede zwischen den beiden Perspektiven sind allerdings nicht sehr groß. Dies zeigt bereits das Beispiel des WDR: Der Produzentenbericht des WDR folgt gemäß § 5a Abs. 2 WDR-Gesetz der absoluten Perspektive (WDR 2017); der ARD-Produzentenbericht hingegen der relativen (ARD 2016: 1). Der Unterschied liegt beim WDR im Jahr 2016 bei 3 %. Zählt man also alle Produktionen der senderabhängigen Produktionsunternehmen zusammen, liegt der Anteil bei 16 %; addiert man lediglich die Produktionen, die von mit dem WDR verflochtenen Produktionsunternehmen hergestellt wurden, kommt man auf 13 %. Diesen Ergebnissen entspricht unsere eigene Studie. Denn auch bei der relativen Perspektive, die die vertikale Integration misst, liegt der Anteil der abhängig hergestellten Produktionen

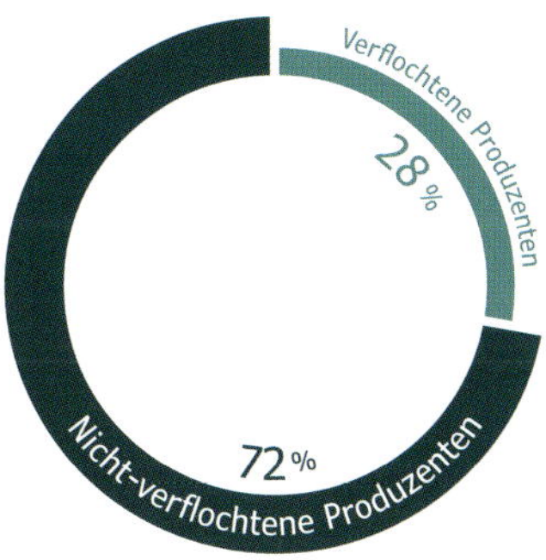

Abbildung 40: Auftragsvolumen (erstausgestrahlte Minuten) differenziert nach mit Sendern verflochtenen und nicht-verflochtenen Produzenten (2017, absolute Perspektive)
Quelle: Eigene Recherche der HMS auf Grundlage einer TV-Woche.

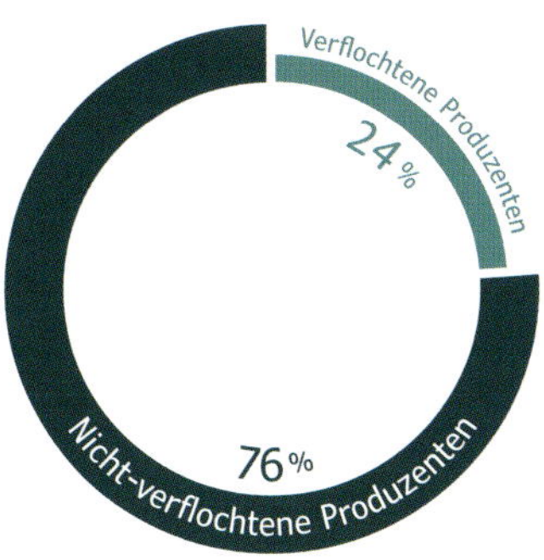

Abbildung 41: Auftragsvolumen (erstausgestrahlte Minuten) differenziert nach mit Sendern verflochtenen und nicht-verflochtenen Produzenten (2017, relative Perspektive)
Quelle: Eigene Recherche der HMS auf Grundlage einer TV-Woche.

43 Kriterium für eine Verflechtung ist die gesellschaftsrechtliche Beteiligung des Senders bzw. eines gemeinsamen Mutter- am Produktionsunternehmen; die Grenze liegt bei einer Beteiligung von 25 % und mehr an den Gesellschaftsanteilen.

44 Näheres zur Beispielswoche und zur Hochrechung, siehe Methodik in Kapitel Durchführung und Methodik der Studie.

Bild 13: *Das Supertalent*, UFA Show & Factual / RTL, Foto: Axel Kirchhof

bei 24 %, also nicht weit von den 28 % bei der absoluten Betrachtung entfernt.

Laut FORMATT-Studie lag der Marktanteil der senderabhängigen Produzenten 2016 vor den unabhängigen (56 % zu 44 %); diese Zahlen weichen deutlich von den unseren ab.

Ein Grund für die Differenz ist die Tatsache, dass wir Produktionsunternehmen, die lediglich mit ausländischen Sendeunternehmen verflochten sind, denen als Nachfrager kein Einfluss auf den deutschen Auftragsproduktions-, Ko- oder Lizenzmarkt zukommt, nicht als senderabhängig ansehen.[45] Aus diesem Grunde betrachten wir beispielsweise die Unternehmen der ITV-Gruppe oder von All3Media in Deutschland nicht als „senderabhängig“. FORMATT zählte in Deutschland rund 90 Unternehmen „mit Beteiligungen von Sendern oder Eignern von Sendern“. Unsere Studie zählt eine etwas geringere Zahl von 81 senderabhängigen oder mit Sendern verflochtenen Unternehmen im Jahr 2017.

Und selbst bei den 81 nach dieser Definition „senderabhängigen“ Produktionsfirmen muss gefragt werden, ob die absolute Perspektive einen sinnvollen Beitrag zur Ermittlung der vertikalen Integration liefert. So gilt nach dieser Definition z.B. die Constantin Film AG als „senderabhängig“, weil sie über ihren Mutterkonzern mit dem Sender Sport 1 verflochten ist. Sport 1 spielt aber als Auftraggeber für deutsche TV-Produzenten eine marginale Rolle. Es ist nicht erkennbar, dass die Constantin Film AG als Fernsehproduktionsunternehmen nennenswerte Vorteile durch eine gesellschaftsrechtliche Verflechtung zu Sport 1 hat. Das Ausmaß der vertikalen Integration wird deshalb durch die relative Perspektive besser empirisch abgebildet.

45 Dies sieht auch die Ofcom für den umgekehrten Fall so, dass eine in Großbritannien tätige Produktionsfirma mit ausländischen, z.B. deutschen oder französischen, Sendermüttern verflochten ist (vgl. Ofcom 2015: 2ff) und auch der WDR in seinem ARD-Produzentenbericht (ARD 2016: 1).

F.II.2. Horizontale Integration: Verflechtung mit Konzernen

Davon zu trennen ist die Thematik der horizontalen Marktkonzentration: Die großen Produktionsgruppen sind oft Teil eines Medienkonzerns, deren Marktanteil steigt. Dieses Thema wird im nachfolgenden Abschnitt behandelt. Es darf aber nicht mit dem Thema der „Senderabhängigkeit" und der vertikalen Konsolidierung vermischt werden. In diesem Kontext ist im Übrigen eine Beschränkung auf eine Senderabhängigkeit wiederum zu eng. Denn für die horizontale Marktkonzentration spielt es keine Rolle, ob in dem Medienkonzern ein auf dem deutschen Markt nachfragender Sender existiert oder nicht.

Neben der Abhängigkeit von einem TV-Sender spielt bei der Debatte um unabhängige Produzenten auch die Verflechtung mit großen, oft global agierenden Medienkonzernen eine Rolle. Auch hier ist aufzuklären, ob die Zahl der Unternehmen und ihr Umsatzanteil in Deutschland in den letzten Jahren zugenommen haben. Betrachten wir zunächst den Markt für TV-Produktionen: Vom Gesamtvolumen von rund 2,33 Mrd. EUR entfallen im Jahr 2017 etwa 1,5 Mrd. EUR auf Produktionen konzernverbundener Unternehmen und damit ca. 65 %. Dem entspricht auch das Ergebnis unserer Beispielwoche:

Betrachtet man schließlich nur die international konzernverflochtenen Unternehmen, ist ihr Anteil am deutschen TV-Produktionsumsatz mit 0,65 Mrd. EUR deutlich geringer und liegt damit bei 32,5 %, da die ganz überwiegend in Deutschland agierenden Konzerne, wie Bavaria Film, Studio Hamburg oder Beta Film, nicht ausreichend international verflochten sind. Selbst die Constantin Film AG wird man trotz ihrer schweizerischen Mutterfirma Highlight Communications AG und einigen Unternehmensbeteiligungen in Osteuropa kaum als internationalen Medienkonzern ansehen können.

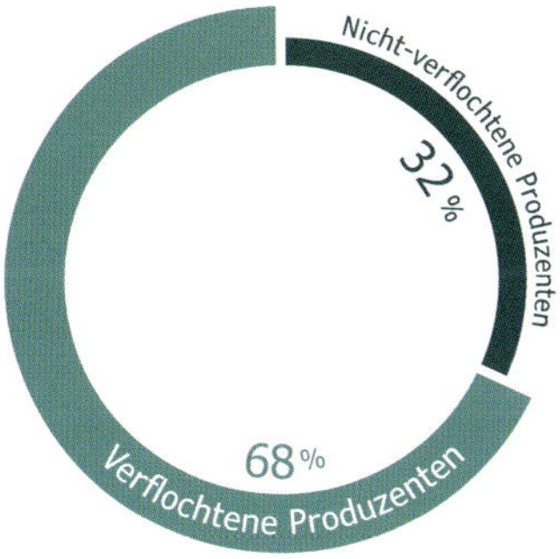

Abbildung 42: Auftragsvolumen (erstausgestrahlte Minuten) differenziert nach mit Konzernen verflochtenen und nicht-verflochtenen Produzenten (2017, absolute Perspektive)
Quelle: Eigene Recherche der HMS auf Grundlage einer TV-Woche.

Der Vergleich mit Großbritannien zeigt, dass die Verflechtung mit internationalen Medienkonzernen dort deutlich stärker ist als hierzulande. Acht von zehn der Top-10-Produktionsunternehmen in Großbritannien sind international verflochten (siehe Tabelle 7), in Deutschland nur fünf, also die Hälfte[46]. Rechnet man den Umsatz bei den Top 10, liegt der Umsatz der nicht international verflochtenen Gruppen über 60 % und damit über der Hälfte.

Die Entwicklung in Großbritannien verlief in wenigen Jahren. Während in der Top-100-Liste der *Broadcast Indie Survey 2011* für das Berichtsjahr 2010 noch insgesamt 68 sogenannte „True Indies" aufgeführt wurden, verringerte sich diese Zahl innerhalb von drei Jahren um 38 % auf 41 Unternehmen. Noch augenfälliger war dieser Rückgang in der oberen Hälfte des Marktes: In der Top-50-Liste der *Broadcast Indie Sur-*

46 Allerdings tauchen die Produktionsunternehmen von ITV und BBC nicht auf, weil sie in Großbritannien nur für ihre Mutterunternehmen produzieren und deshalb als Eigenproduktionsunits dieser Sendergruppen gelten.

vey wurden für das Jahr 2010 noch 26 „True Indies“ ausgewiesen, 2013 waren es nur noch sieben (CMS 2014).

Platz	Produktions-unternehmen	Konzern (Gruppe)	Umsatz in Mio. GBP
1	IMG Media	William Morris Endeavour	197,10
2	Left Bank	Sony Pictures Television Production UK	148,00
3	Avalon	Avalon Entertainment	114,60
4	Carnival Films	NBC Universal International Studios	101,00
5	Thames	Fremantle Media UK	93,20
6	Lime Pictures	All3Media	61,90
7	Sunset + Vine	Tinopolis Group	54,50
8	Raw TV	All3Media	54,20
9	Studio Lambert	All3Media	53,60
10	Tiger Aspect	Endemol Shine Group	52,04
11	Neal Street	All3Media	46,20
12	Initial	Endemol Shine Group	45,70
13	Pulse	Vice	45,00
14	ITN Productions	ITN	42,80
15	Shine TV	Endemol Shine Group	37,30
16	The Ink Factory	--	36,10
17	Hat Trick	--	36,00
18	Kudos	Endemol Shine Group	34,10
19	RDF Television	Banijay UK	30,50
20	Boundless	Fremantle Media UK	30,30

Tabelle 7: Die 20 größten TV-Produktionsunternehmen in Großbritannien (2017)
Quelle: Televisual 2017.

Mögliche Gründe für die unterschiedliche Entwicklung sind folgende: Zum einen waren britische Medienunternehmen schon vorher auf internationale Märkte ausgerichtet, zum anderen besteht traditionell eine große Nähe zwischen dem britischen und dem US-Filmproduktionsmarkt. Viele Europazentralen der US-Major-Companies liegen in London; die Londoner Banken waren in dieser Zeit sehr gerne bereit, Firmenkäufe im Filmproduktionsbereich zu finanzieren, u.a. auch deshalb, weil die Produktionsunternehmen dank der Terms-of-Trade-Regulierung ein Rechteportfolio aufbauen konnten, das als Sicherheit dienen bzw. beim Käufer wieder in der Bilanz aktiviert werden konnte.

Bei der Bewertung der Verflechtung mit internationalen Medienkonzernen ist zu berücksichtigen, dass die Konkurrenz zwischen Produktionsunternehmen um Aufträge von Sendern (und neuerdings SVoD-Plattformen) in der Regel produktbezogen verläuft. D.h., die Sender beauftragen das aus ihrer Sicht geeignetere Produkt. Soweit es in einem Produktionsmarkt überhaupt mengenabhängige Kostenvorteile gibt („economy of scale“), sind die Kostenvorteile in der Regel nicht entscheidend für die Auftragsvergabe. Davon sind nur Daily Soaps und Daytime-Produktionen möglicherweise eine Ausnahme. Wie sich in Expertengesprächen mit Sendervertretern jedoch gezeigt hat, wird einer größeren Produktionsfirma eher zugetraut, große Projekte „zu stemmen“. Diese

Einschätzung der Auftraggeber und die Qualität des Projektes selbst haben ein größeres Gewicht als mögliche Kostenvorteile.

Bei einer Bewertung des Grads der Konsolidierung einer lokalen Filmindustrie muss auch das Gegenteil einer Konsolidierung in den Blick genommen werden: ein Markt von „Rucksack-Produzenten“, die ohne Anbindung an große oder mittlere Medienkonzerne produzieren und in der Regel nicht über einen Umsatz von 5 Mio. EUR hinauskommen. Bei der politischen Frage, wie klein- oder mittelständisch ein Markt sein sollte, darf schließlich auch das Kräftegleichgewicht im Markt nicht außer Acht gelassen werden: Die großen Auftraggeber ARD, ZDF, ProSiebenSat.1 und RTL bilden ein sehr starkes Nachfrageoligopol. Je schwächer und kleinständiger der Produktionsmarkt ist, desto stärker kann sich ihre Nachfragemacht entfalten.

Industriepolitisch hat die deutsche TV-Produktionswirtschaft deshalb mehr Gemeinsamkeiten mit den TV-Produktionsmärkten in Italien, Spanien und Frankreich als mit Großbritannien. Mit Ausnahme der UFA bzw. des Bertelsmann-Konzerns hat kein Unternehmen im britischen Maßstab internationale Tochterunternehmen gegründet oder aufgekauft. Selbst das zweitstärkste Produktionsunternehmen der Bundesrepublik, die Constantin Film AG, ist nur in wenigen – überwiegend osteuropäischen – Staaten mit Tochterunternehmen präsent. Im Vergleich mit EndemolShine oder ITV Studios, die in Dutzenden von Ländern Tochterunternehmen besitzen, ist der deutsche TV-Produktionsmarkt weniger international als Großbritannien.

F.II.3. Auftragsvolumen differenziert nach mit TV-Sendern verflochtenen und nicht-verflochtenen Produktionsunternehmen

Mit der Einschränkung, dass Produktionsvolumina (in Minuten) weniger aussagen als Umsätze, soll im Folgenden näher betrachtet werden, in welchem Verhältnis Auftragsproduktionen an Tochter[47]- und Schwesterunternehmen[48] der vier großen Gruppen vergeben werden. Dabei zeigen sich signifikante Unterschiede zwischen den vier großen Gruppen und zwar unabhängig davon, ob man die relative oder die absolute Perspektive einnimmt (siehe Abbildung 43).

Der Anteil der Eigenproduktion ist bei ARD (Das Erste) und ZDF ungefähr gleich groß und liegt deutlich über dem der ProSiebenSat.1- und RTL-Sender. Allerdings ist das Verhältnis der abhängigen zu den unabhängigen Produktionen zwischen ARD und ZDF sehr unterschiedlich: Beim ZDF ist der Anteil der mit dem Sender verflochtenen Auftragspro-

47 Ein Unternehmen wird einem Sender als Tochterunternehmen zugerechnet, wenn der Sender unmittelbar oder ein konzernabhängiges (vgl. §§ 15 ff. AktG) Tochterunternehmen an der Produktionstochter zu 25 % oder mehr der Gesellschaftsanteile beteiligt ist (vgl. § 28 RStV). Als Schwesterunternehmen gilt ein Filmhersteller, wenn Fernsehsender und Filmhersteller ein gemeinsames Mutterunternehmen haben, wobei auch hier die Verflechtung ab einem Gesellschaftsanteil von 25 % beginnt. Die Unterscheidung zwischen Tochter- und Schwesterunternehmen ist sinnvoll, weil der Grad der möglichen Einflussnahme eines Fernsehsenders bei einer Tochterfirma deutlich größer ist.

48 Aus seiner Perspektive ist es ein „Dritter“. Während ein TV-Sender bei einer Tochtergesellschaft die Geschäftspolitik – auch das Verhältnis des Produktionsunternehmens zu sich als Auftraggeber – theoretisch beeinflussen könnte, ist dies bei Schwestergesellschaften nur noch mittelbar über die gemeinsame Mutterfirma und bei allen anderen Produktionsunternehmen gar nicht mehr möglich. Mit anderen Worten: Ein gemäß § 28 RStV mit einem Sender verflochtener Produzent kann für verflochtene oder nicht-verflochtene Unternehmen Produktionen herstellen.

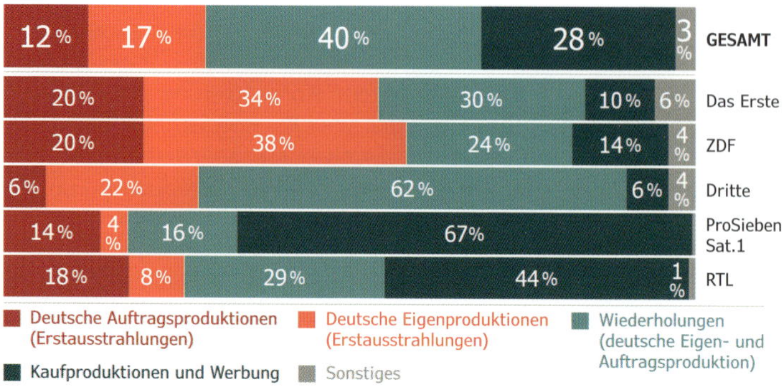

Abbildung 43: TV-Sendeschema differenziert nach Sender (-gruppe) und Art der Produktion (2017)
Quelle: Eigene Recherche der HMS auf Grundlage einer TV-Woche. Anmerkungen: Anteil der Werbung bei den öffentlich-rechtlichen Sendern ermittelt auf Basis von: ALM 2018: 124.

duzenten deutlich geringer und liegt bei ca. einem Viertel. Ein ähnliches Verhältnis wie das ZDF weisen die Dritten Programme auf. Am niedrigsten ist der Anteil an erstausgestrahlten Auftragsproduktionen, die von Produzenten hergestellt werden, welche mit der Sendergruppe verflochten sind, bei ProSiebenSat.1. Allerdings sei an dieser Stelle darauf hingewiesen, dass die Sendergruppe den mit Abstand höchsten Anteil an Lizenzware ausweist und damit den niedrigsten Anteil an ausgestrahlten deutschen Produktionen. Die RTL-Gruppe landet, wie das ZDF und die Dritten, bei ca. einem Viertel des Minutenvolumens, das von mit der Sendergruppe verflochtenen Auftragsproduzenten hergestellt wird.

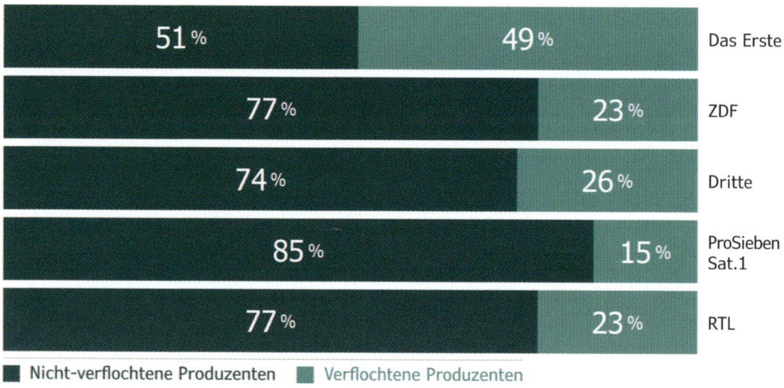

Abbildung 44: Auftragsvolumen (erstausgestrahlte Minuten) von Das Erste, ZDF, den Dritten, ProSiebenSat.1 und RTL differenziert nach mit Sendern verflochtenen und nicht-verflochtenen Produzenten (2017, relative Perspektive)
Quelle: Eigene Recherche der HMS auf Grundlage einer TV-Woche.

2011 haben wir auf Basis der relativen Perspektive gemessen, wie hoch die vertikale Integration von senderabhängigen Produktionen ist. Vergleicht man sie mit den heutigen Daten, so ist sie bei der ARD deutlich gestiegen, bei ProSiebenSat.1 ebenfalls, nicht aber beim ZDF und der RTL-Gruppe, wo sie gefallen ist.

Bei der ARD (Das Erste) ist das vertikal integrierte Auftragsvolumen von 35 % auf fast die Hälfte des Volumens gestiegen. Ausweislich der letzten drei ARD-Produzentenberichte für die Berichtsjahre 2014 bis 2016 soll sich das Verhältnis bei den ARD-Rundfunkanstalten insgesamt allerdings zugunsten der unabhängigen Produzenten verschoben haben.[49]

49 Laut ARD-Produzentenberichten hat sich das Verhältnis abhängige versus unabhängige Produzenten (absolute Perspektive) um wenige Prozentpunkte verschoben und lag im Jahr 2014 bei 30 % zu 70 %, im Jahr 2015 bei 28 % zu 72 % und im Jahr 2016 bei 27 % zu 73 % (ARD 2014: 11, ARD 2015: 11, ARD 2015: 10).

Dabei ist zu beachten, dass die zeitbasierte Berechnung zu einem Bias führt. Dieser besteht darin, dass konstengünstigere Daytime-Programme stärker ins Gewicht fallen.

Abbildung 45: Auftragsvolumen (erstausgestrahlte Minuten) von Das Erste nach mit Sendern verflochtenen und nicht-verflochtenen Produzenten (2011 und 2017, relative Perspektive)
Quelle: Eigene Recherche der HMS auf Grundlage einer TV-Woche.

Eine ähnliche Steigerung zugunsten von Tochterunternehmen, wie z.B. RedSeven Entertainment, zeigt sich im ProSiebenSat.1-Konzern. Hier hat sich der Anteil des integrierten Auftragsvolumens verdreifacht, allerdings ausgehend von einem im Vergleich zu den anderen Sendergruppen niedrigen Ausgangsniveau.

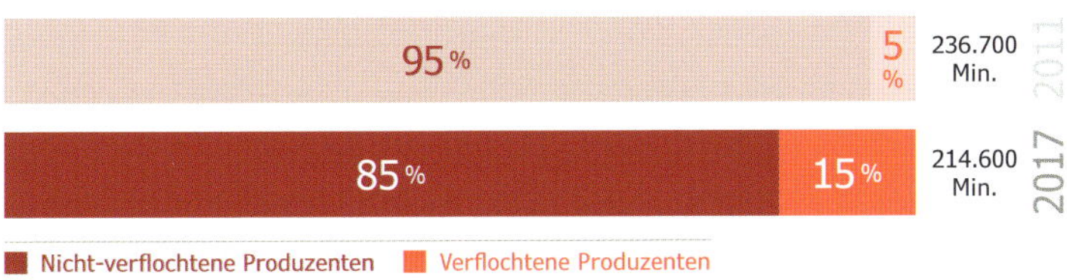

Abbildung 46: Auftragsvolumen (erstausgestrahlte Minuten) der ProSiebenSat.1-Gruppe nach mit Sendern verflochtenen und nicht-verflochtenen Produzenten (2011 und 2017, relative Perspektive)
Quelle: Eigene Recherche der HMS auf Grundlage einer TV-Woche.

Beim ZDF ging der Anteil vertikal integrierter Produktionsunternehmen am Programmvolumen (in Minunten) von 32 % im Jahr 2011 auf 23 % im Jahr 2017 zurück. Eine ähnliche Entwicklung (von 29 % auf 23 %) gab es auch bei der RTL-Gruppe.

Produzentenstudie 2018

G. AUFWAND UND PRODUKTIONSKOSTEN

G. AUFWAND UND PRODUKTIONSKOSTEN

Oliver Castendyk, Juliane Müller und Wilfried Berauer

Ein weiteres Teilziel der letzten Produzentenstudie war es, Angaben zu Kostenstrukturen im klassischen Produktionsmarkt zu ermitteln. Hierfür wurden im projektbezogenen Teil des Fragebogens die Gesamtherstellungskosten für die erste im Jahr 2017 finalisierte Produktion abgefragt. Des Weiteren wurden die Produzenten gebeten, die Aufteilung von Personal- und sonstigen Kosten anzugeben. Auf Basis dieser Angaben wird auch die Entwicklung von Herstellungskosten und Minutenpreisen für Kino- und Fernsehproduktionen dargestellt.

G.I. Kino: Gesamtherstellungskosten und Minutenpreise

Die Rückläufe zu Kinoproduktionen waren im projektbezogenen Teil des Fragebogens ungenügend. Aus diesem Grund wurde zurückgegriffen auf Daten der SPIO Spitzenorganisation der Filmwirtschaft (vgl. SPIO 2017 sowie SPIO 2018), die regelmäßig Erhebungen in der Filmwirtschaft durchführt, und um DFFF-Zahlen ergänzt (DFFF: @3). Auf Basis von Budget-, Minuten- und Förderangaben wurden die durchschnittlichen Herstellungskosten für rein deutsche Spielfilme, die 2017 in den deutschen Kinos gestartet sind, ermittelt.

Im Durchschnitt liegen die Herstellungskosten deutscher Spielfilme bei ca. 2,83 Mio. EUR, was einem Minutenpreis von rund 28.600 EUR entspricht. Die Budgets internationaler Korpoduktionen können von Jahr zu Jahr massiv schwanken. Denn sie hängen davon ab, ob internationale Großproduktionen, wie z.B. *Cloud Atlas* (2011/12) mit einem Budget von ca. 100 Mio. EUR, im Betrachtunsgzeitraum realisiert wurden oder ausblieben. Durchschnittswerte ließen sich dementsprechend nur mittels Vollerhebung realistisch abbilden und wären nur bedingt aussagekräftig aufgrund der massiven jährlichen Schwankungen.

Durchschnittswerte	Deutsche Spielfilme
Herstellungskosten	2,83 Mio. EUR
Minutenpreis	28.600 EUR
Länge	99 min.

Tabelle 8: Durchschnittliche Herstellungskosten, Minutenpreis und Länge (rein) deutscher Spielfilme (Filmstarts 2017)
Quelle: Eigene Erhebung der HMS auf Basis von SPIO 2017 sowie DFFF: @3 sowie @4.

Über alle Produktionsarten hinweg – also deutsche Spielfilme, internationale Koproduktionen und Dokumentarfilme – liegt das durchschnittliche Budget pro Film bei 2,2 Mio EUR.

Im Zeitreihenvergleich zeigt sich, dass die Budgets in der Tendenz leicht steigen. Lagen die durchschnittlichen Herstellungskosten 2015 bei 4,7 Mio. EUR pro Kinofilm, sind sie bis zum Jahr 2017 auf 5,2 Mio. EUR angestiegen. Es gilt allerdings zu beachten, dass die Basis Kinofilme mit

FFA-Projektförderung bilden, sodass die ausgewiesenen Durchschnittsbudgets einen Bias hin zu mittleren bis großen Projekten enthalten. Die Förderstrategie der FFA – gezielte Förderung anstatt „mit der Gießkanne" – spiegelt sich darin wieder.

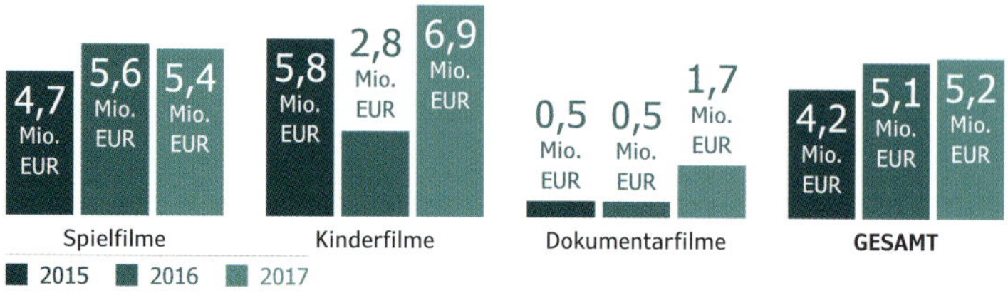

Abbildung 47: Entwicklung der durchschnittlichen Herstellungskosten von Kinofilmen mit FFA-Projektförderung (2015 bis 2017)
Quelle: FFA 2016: 6; FFA 2017b: 7; FFA 2018b: 6.

Im Vergleich mit Frankreich zeigt sich, dass die deutschen und die französischen Budgets auf einem ähnlichen Niveau liegen. 2017 wurden in Frankreich 222 Kinofilme mit französischer Mehrheitsbeteiligung produziert.[50] Davon waren 177 Filme ausschließlich französisch ohne ausländische Beteiligung.

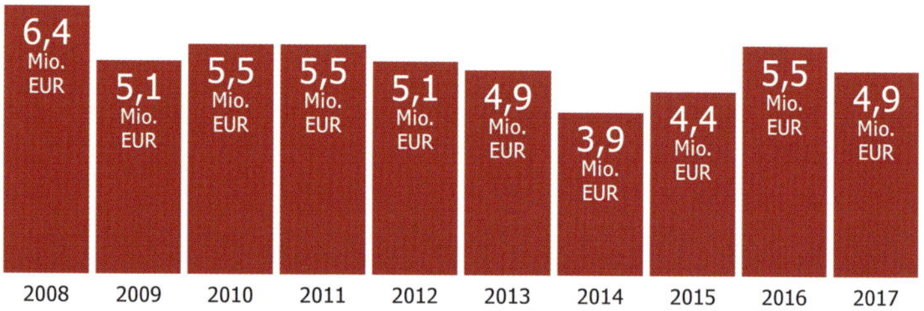

Abbildung 48: Entwicklung der durchschnittlichen Budgets (CNC-geförderter) Kinofilme mit französcher Mehrheitsbeteiligung (2008 bis 2017)
Quelle: CNC 2018b: 78.

G.II. Fernsehen: Gesamtherstellungskosten und Minutenpreise

Ausgangspunkt unserer Erhebung war die Tatsache, dass unterschiedliche Genres unterschiedliche Herstellungskosten aufweisen. Die durchschnittlichen Kosten sind in Minutenpreisen dargestellt. Die Spreizung der Minutenpreise für Fiction-Formate (TV-Film und TV–Serie) und für Non-Fiction-Formate ist erheblich. Insbesondere die Minutenpreise für den Bereich TV-Unterhaltung sind sehr unterschiedlich je nach Sub-Genre und Sendeplatz. Preise für Factual-Entertainment-Formate im Tagesprogramm beginnen unterhalb von 1.000 EUR pro Minute, die Preise

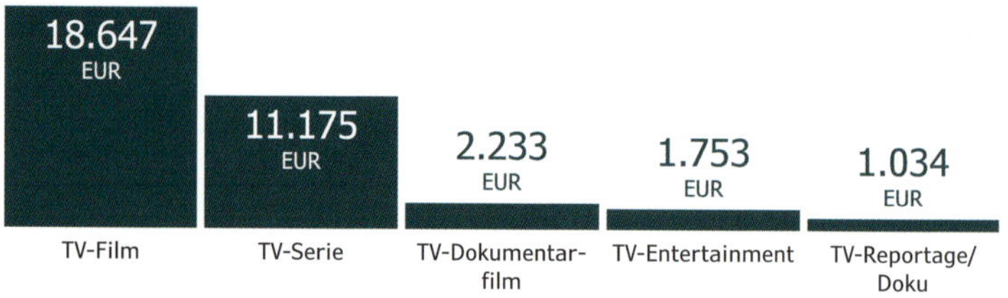

Abbildung 49: Durchschnittliche Minutenpreise deutscher TV-Produktionen differenziert nach Genre (2017)
Quelle: Branchenumfrage der HMS. Anmerkung: TV-Serie ohne Daily Soap.

50 Grundgesamtheit sind die 300 vom CNC im Jahr 2017 geförderten Kinofilme (CNC 2018b: 74). Insgesamt sind im Jahr 2017 349 französische Langfilme erstaufgeführt worden (CNC 2018a: 7).

Bild 14: *Zwischen Tüll und Tränen*, 99pro media / VOX, Foto: Stefanie Schumacher

für aufwändige Primetime-Shows reichen hingegen bis an die durchschnittlichen Minutenpreise von TV-Serien heran.

Vergleicht man die Angaben unserer Stichprobe mit den Durchschnittspreisen, die das ZDF für Auftragsproduktionen dieses Genres im Jahr 2018 ausgeben wollte (ZDF: @11.), befinden sich die beiden ersten Genres in der gleichen Größenordnung: Der durchschnittliche Minutenpreis beim ZDF für TV-Filme liegt bei 17.873 EUR, der für TV-Serien bei 10.379 EUR und damit jeweils um die 800 EUR niedriger als in unserer Stichprobe.

Stellt man die Angaben der vorliegenden Studie den Daten aus dem Jahr 2012 gegenüber, zeigt sich, dass die Budgets für die Herstellung von TV-Movies gestiegen sind, die der TV-Serie ebenfalls. Die Herstellungskosten für TV-Unterhaltung sowie TV-Dokumentation sind hingegen gefallen. Allerdings gilt es zu berücksichtigen, dass die Fallzahlen (n=58) relativ gering sind, sodass ein Stichprobeneffekt nicht ausgeschlossen werden kann.

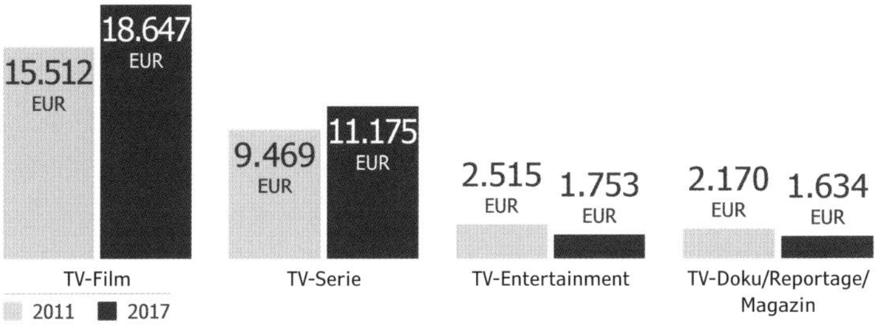

Abbildung 50: Durchschnittlicher Minutenpreis deutscher TV-Produktionen differenziert nach Genre (2017 und 2011)
Quelle: Branchenumfrage der HMS. Anmerkung: Um die Zahlen aus 2011 und 2017 vergleichbar zu machen, wurden die Daten der Erhebung 2017 für die Bereiche TV-Dokumentarfilm und TV-Reportage/Doku zusammengefasst.

Dem entspricht auch die Einschätzung der befragten Produktionsunternehmen. Während bei TV-Filmen (produziert für die Primetime) immerhin fast die Hälfte eine Steigerung der Minutenpreise erlebt hat und nur 20 % von gesunkenen Preisen sprechen, ist dies im Bereich der

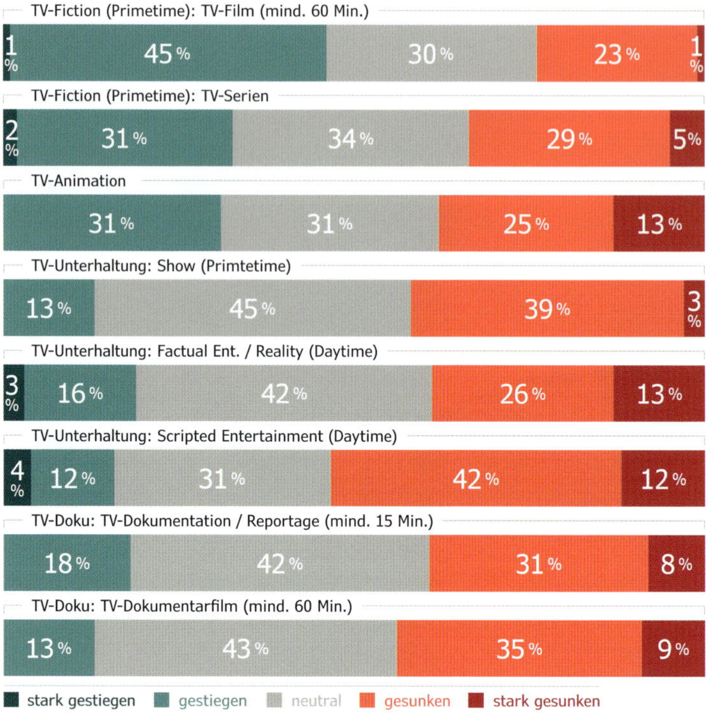

Abbildung 51: Entwicklung des von den TV-Sendern gezahlten Produktionsminutenpreises im Vergleich zu 2011 (nach Formaten)
Quelle: Branchenumfrage der HMS. Frage: „Wie hat sich der von den TV-Sendern gezahlte Produktionsminutenpreis im Vergleich zu 2011 entwickelt?".

TV-Unterhaltung durchweg anders: So sind nach Ansicht der Mehrheit die Preise gesunken oder stark gesunken.

Gleichzeitig deutet die große Streuung der Antworten zwischen „stark gestiegen" und „stark gesunken" bei Genres wie Factual Entertainment und Scripted Entertainment darauf hin, dass die Preisentwicklung nicht innerhalb eines Genres gleich ist, sondern je nach Produktion und je nach Sendezeit-Slot, für den produziert wird, differieren kann.

G.III. Entwicklung der Personalkosten

Unsere forschungsleitende Vermutung war, dass der Anteil der Personalkosten bei Film- und Fernsehproduktionen steigen und der Anteil der sonstigen Kosten, insbesondere Technikkosten, sinken würde. Diese Vermutung bestätigte sich in einem so geringen Umfang, dass diese Abweichung als nicht signifikant bezeichnet werden kann und an Stichprobeneffekten liegen könnte.

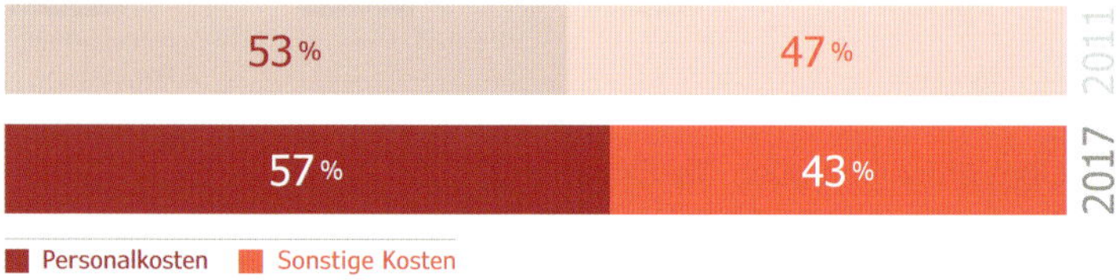

Abbildung 52: Vergleich des Personalkostenanteils bei Kino- und TV-Produktionen (2011 und 2017, unternehmensbezogen)
Quelle: Branchenumfrage der HMS. Frage: „Wie teilen sich die Herstellungskosten (gem. Kalkulation) auf?".

Produzentenstudie 2018

H. DIE FINANZIERUNG VON PRODUKTIONEN

H. DIE FINANZIERUNG VON PRODUKTIONEN

Oliver Castendyk

Um Aussagen zur typischen Finanzierungsstruktur deutscher Kino- und TV-Produktionen machen zu können, wurden die Produktionsunternehmen im Rahmen des Fragebogens der Studie gebeten, Angaben zur Finanzierung ihres ersten im Jahr 2017 fertiggestellten Projektes zu tätigen. Je nach Produktionsart wurden unterschiedliche Parameter abgefragt. Die Rücklaufquote ist allerdings niedrig, so dass die Ergebnisse nicht als repräsentativ betrachtet werden können.

Vorab muss kurz erklärt werden, was unter „Finanzierung" verstanden wird. Die Finanzierung umfasst die Gelder, die zur Verfügung stehen müssen, um den Film herstellen zu können. Die Finanzierung eines Films ist von der Refinanzierung eines Films abzugrenzen. Die Refinanzierung betrifft die Gelder, die durch die Auswertung eines Films (in den verschiedenen Medien wie Kino, Video, TV) an den Produzenten zurückfließen. Diese Gelder können jedoch zu einem Finanzierungsbestandteil werden, wenn Lizenzzahlungen schon vor der Herstellung des Films versprochen werden.

Ist ein Film „finanziert", heißt dies nicht, dass das Geld bereits für die Herstellung zur Verfügung steht. Es muss i.d.R. zwischenfinanziert werden. Diese Zwischenfinanzierung kann entweder vom Produzenten selbst geleistet werden, von den beteiligten Kreativen durch Rückstellungen (indem ein Teil ihrer Gagen z.B. erst nach Kinostart gezahlt wird), durch frühe Ratenzahlungen der Lizenznehmer oder durch eine zwischenfinanzierende Bank. Im Folgenden geht es lediglich um die Finanzierung von audiovisuellen Programmen, nicht um die Refinanzierung und auch nicht um die Zwischenfinanzierung.

H.I. Finanzierungsmix von Kinofilmen

Mit der oben genannten Einschränkung aufgrund der geringen Fallzahl wird nachfolgend die Finanzierung eines Kinofilms kurz dargestellt.

Den größten Finanzierungsanteil bei Kinoproduktionen trägt die Filmförderung. 45 % der Gesamtherstellungskosten für Kinofilme 2017 wurden von den Förderinstitutionen übernommen. TV-Sender sind mit 11 % an der Finanzierung aller Kinoproduktionen beteiligt. 10 % der Gesamtherstellungskosten entfallen im Durchschnitt auf Eigenmittel des Produzenten, die dieser in Form von eigenen Barmitteln, Bankdarlehen oder Rückstellungen einbringt.

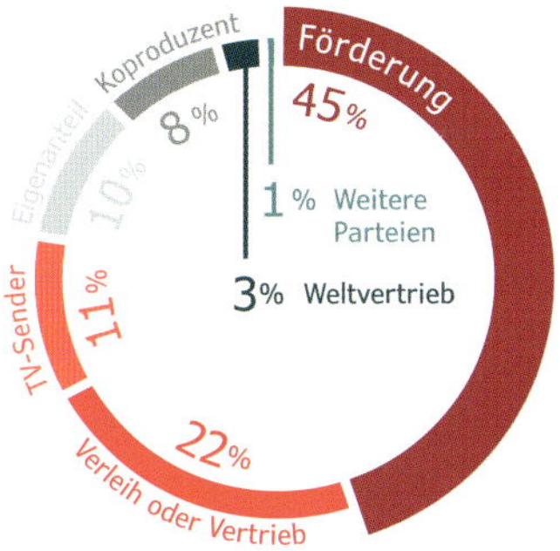

Abbildung 53: Finanzierungsanteile bei Kinofilmproduktionen (2017)
Quelle: Branchenumfrage der HMS. Frage: „Welche der folgenden Finanzierungsquellen haben Sie für dieses Projekt genutzt?".

Vergleicht man den Finanzierungsmix 2017 mit dem von 2011, dann zeigt sich, dass der Förderanteil gestiegen ist. Ein deutlich höheres Engagement zeigen vor allem die Verleih- und Vertriebsunternehmen, während gleichzeitig die Koproduktionsanteile reduziert wurden. Die finanzielle Beteiligung der TV-Sender ist fast unverändert.

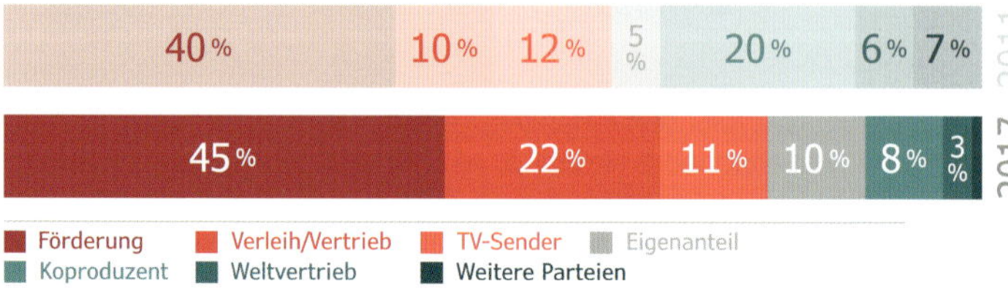

Abbildung 54: Finanzierungsanteile bei Kinofilmproduktionen (2017 und 2011)
Quelle: Branchenumfrage der HMS. Frage: „Welche der folgenden Finanzierungsquellen haben Sie für dieses Projekt genutzt?".

H.I.1. Kofinanzierung von Kinofilmen durch TV-Sender

Die oben dargestellten Beteiligungen sind Durchschnittswerte. D.h., nicht bei allen Produktionen sind z.B. TV-Sender als Mitfinanzierer beteiligt. Betrachtet man lediglich die Produktionen, die ein TV-Sender als Koproduzent, als Ko-Finanzierer oder als Pre-Sale-Lizenznehmer mitfinanziert (55 % der Projekte), so liegt der Finanzierungsanteil bei 20 % und ist damit geringer als noch im Jahr 2011, wo er durchschnittlich 27 % betrug. Je nach Genre und je nach Produktion ist die Spreizung der Mitfinanzierungsanteile sehr groß (in unserer Stichprobe reicht sie von 3 % bis 39 %). Erneut möchten wir an dieser Stelle auf die geringe Fallzahl und dadurch bedingte mögliche Stichprobeneffekte hinweisen.

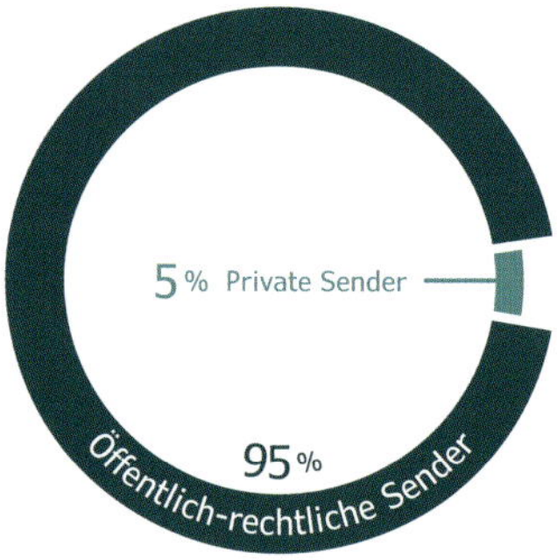

Abbildung 55: Anteil der Kofinanzierungen von Kinofilmen durch öffentlich-rechtliche und private TV-Sender (2017, fallbezogen)
Quelle: Eigene Berechnung der HMS auf Basis von SPIO 2017: 21.

Nach wie vor sind die öffentlich-rechtlichen TV-Sender weit häufiger an der Finanzierung von deutschen Kinofilmproduktionen beteiligt als ihre private Konkurrenz.

H.II. Finanzierung von Fernsehproduktionen

H.II.1. Auftragsproduktion: Vollfinanzierungs vs. Teilfinanzierung

Bei einer echten Auftragsproduktion handelt es sich um eine Produktion, bei der die wirtschaftlichen Entscheidungen und Risiken beim Auftragnehmer liegen (Wandtke / Bullinger 2009: UrhR, § 94 Rdnr. 94 Rdnr. 33ff). Die mit dem Leistungsschutzrecht des Produzenten gem. § 94 UrhG belohnte Leistung des Filmherstellers liegt nicht in einem künstlerisch-schöpferischen Beitrag zum Filmwerk, sondern in der Übernahme der wirtschaftlichen Verantwortung und der organisatorischen Tätigkeit (BFH NJW 1996, 1013/1014; BGH ZUM 1993, 286/287 – „Die Ehe der Maria Braun").

Mit Bezug auf unsere Stichprobe ist die übliche Produktionsart im TV-Bereich die Auftragsproduktionen (86 %). Koproduktionen (14 %) sind im Vergleich eher selten. Im Vergleich zu 2011 hat sich diese Verteilung nur leicht geändert hin zu mehr Auftrags- und weniger Koproduktionen. Jede neunte TV-Auftragsproduktion in unserer Stichprobe war teilfinanziert.

Der Auftraggeber, bei TV-Produktionen in aller Regel der TV-Sender, stellt im Modell der „vollfinanzierten" Auftragsproduktion 100 % der Gesamtherstellungskosten. Eine Beteiligung des Produzenten an den Herstellungskosten gibt es bei Koproduktionen und bei teilfinanzierten Auftragsproduktionen.

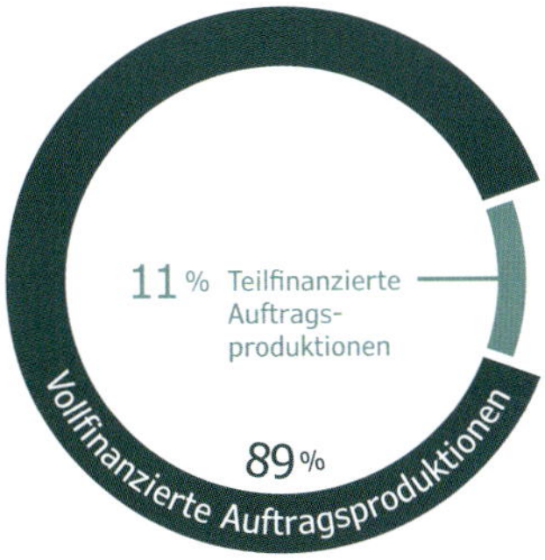

Abbildung 56: Anteil vollfinanzierter Auftragsproduktionen am Gesamtauftragsvolumen (2017)
Quelle: Branchenumfrage der HMS. Frage: „Bitte geben Sie das Genre der Produktion an." in Kombination mit Angaben zu vollfinanzierten bzw. teilfinanzierten Auftragsproduktionen.

H.II.2. Kostendruck durch fehlende Vollfinanzierung

Kostendruck wird seitens der Sender nicht nur dadurch erzeugt, dass für einzelne Programme gezahlte Vergütungen geringer werden. Er wird auch verursacht, wenn die Programmbudgets der Sender nicht wachsen und gleichzeitig bestimmte Kosten des Produzenten zunehmen. Hinzu kommen Kosten für – später nicht realisierte – Drehbuchentwicklungen. Zudem ist seit 2011 generell der organisatorische und administrative Aufwand für Produktionsunternehmen weiter gestiegen. Dadurch entsteht eine wachsende Kostenschere im Bereich der Gemeinkosten, die von der seit den sechziger Jahren unveränderten Handlungskostenpauschale („HU") in Höhe von 6 % nicht mehr aufgefangen wird.

Diese Entwicklung führt letztlich zu einer Abkehr vom Modell der vollfinanzierten Auftragsproduktion. Um dieser Entwicklung entgegenzuwirken, hat die Allianz Deutscher Produzenten – Film & Fernsehen mit ARD und ZDF intensive Gespräche geführt und bei der KEF für einen entsprechenden finanziellen Ausgleich geworben. Die KEF hatte daraufhin einen programmlichen Mehrbedarf für Produktionen und Urheber für die Gebührenperiode 2017 bis 2020 („Programmaufwand") anerkannt. Dies ermöglichte wiederum den öffentlich-rechtlichen Sendern, in Selbstverpflichtungserklärungen (ARD / Degeto Film 2015, ZDF 2017) realistischere Kalkulationen zuzusagen (Stichwort: Kalkulationsrealismus). Unterstützt wurde dies durch zwei Protokollerklärungen der Länder (zum 12. und 19. RÄndStV), die für den Bereich Film- und Fernsehproduktion ausgewogene Vertragsbedingungen und eine faire Aufteilung der Verwertungsrechte gegenüber den Produktionsunternehmen gefordert hatten.

Trotz all dieser Bemühungen der Verbände und der einzelnen Produzenten in den Einzelkalkulationsverhandlungen gehen insbesondere öffentlich-rechtliche Sender von Kostenansätzen aus, die nicht immer realitätsnah sind. 2011 mussten bei 17 % der Auftragsproduktionen in der Stichprobe die Produzenten einen Teil der Produktionskosten selbst tragen, obwohl es sich bei dem angegebenen Projekt eigentlich um eine sogenannte „vollfinanzierte" Auftragsproduktion (und nicht um eine teilfinanzierte Auftragsproduktion oder um eine Koproduktion) handelte.

Ein Delta zwischen realen Kosten und mit dem Sender kalkulierten Kosten öffnete sich häufiger bei öffentlich-rechtlichen Sendern. Die Rundfunkanstalten übernahmen nach Angaben der befragten Produzenten nur in 73 % der Fälle die kompletten Produktionskosten. War ein privater TV-Sender Auftraggeber, wurden die Produktionskosten in 90 % der Fälle komplett getragen: Der Mittelwert von 24 % erklärte sich daraus, dass es in der Stichprobe mehr Projekte mit einem öffentlich-rechtlichen TV-Sender als Auftraggeber gab.

Abbildung 57: „Echte" und „unechte" Vollfinanzierung bei TV-Auftragsproduktionen (2017, projektbezogen) *Quelle: Branchenumfrage der HMS. Frage: „Wurden trotz vertraglich vereinbarter Vollfinanzierung nicht alle Herstellungskosten vom Sender getragen?".*

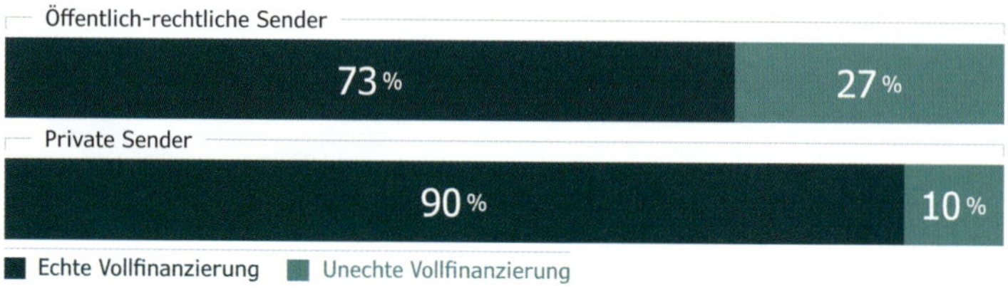

Mit der gebotenen Vorsicht angesichts der geringen Fallzahl deutet das Ergebnis darauf hin, dass das Problem einer nicht vollständig finanzierten Produktion, bei der der Produzent die Differenz aus seiner Gemeinkosten- und Gewinnpauschale ziehen muss, immer noch nicht gelöst zu sein und auch nach wie vor stärker die ARD-Anstalten und das ZDF zu betreffen scheint als die RTL- und ProSiebenSat.1-Gruppe. Bei öffentlich-rechtlichen Produktionen war der Anteil mit 27 % viel höher als bei privaten mit 10 %. Diese klare Differenz hat sich seit 2011 – trotz Eckpunkte-Selbstverpflichtungserklärungen – nicht geändert. Wie das nachfolgende Beispiel zeigt, gibt es jedoch aus Sicht der Produzenten positive Tendenzen auch bei den öffentlich-rechtlichen Sendern. Aus Expertengesprächen wissen wir, dass TV-Entertainment-Budgets auch von öffentlich-rechtlichen Sendern realistischer verhandelt werden als TV-Fiction-Budgets, sodass der hohe Anteil an unechten Vollfinanzierungen auch eine Folge dessen ist, dass ARD und ZDF mehr Fiction beauftragen.

H.II.3. Fallbeispiel Tatort

In der Produzentenstudie 2012 wurde beleuchtet, wie sich die Herstellungskosten und die von den Sendern bereitgestellten Budgets der Reihe *Tatort* entwickelt hatten. Dabei wurde herausgearbeitet, dass die Kosten von 2004 bis 2011 nicht gestiegen, sondern gefallen waren. Nun geht es um die Frage, wie sich die Budgets in den Jahren zwischen 2011 und 2017 entwickelt haben.

Laut dem 15. KEF-Bericht betrug der durchschnittliche Preis einer Folge der ARD-Krimiserie *Tatort* 2003/2004 bei einer Auftragsproduktion 1,458 Mio. EUR (inkl. USt.).[51] Gegenüber 1998/1999 war dies ein Anstieg von 162.000 EUR. Nach unserer damaligen Recherche war seit 2004 der Preis teilweise gefallen. Die wenigen von der Produzentenstudie 2012 erfassten *Tatort*-Projekte lagen durchschnittlich bei Herstellungskosten von rund 1,377 Mio. EUR (inkl. USt.). Interviews mit *Tatort*-Machern bestätigten, dass die Preise für eine *Tatort*-Produktion seit 2004 im Durchschnitt gefallen waren. Dies war umso problematischer,

51 War der *Tatort* eine Eigenproduktion, lag der Minutenpreis bei 14.356 EUR. Der Hessische Rundfunk stellt den *Tatort* beispielsweise mit eigenem Personal (seien es angestellte oder freie Mitarbeiter) und mit eigenen finanziellen und sachlichen Mitteln her. Bei Eigenproduktionen werden allerdings bestimmte Overheads und Verwaltungskosten nicht vollständig erfasst, sodass ein Kostenvergleich zwischen beiden Produktionsarten auf der Basis der KEF-Daten nicht möglich ist.

Bild 15: *Tatort Kiel: Borowski und das Land zwischen den Meeren* (2018), Nordfilm / NDR, Foto: Christine Schröder

weil die Kosten auf der Produzentenseite gestiegen waren. Die Folge: Produktionsabläufe wurden optimiert, Kosten für die Postproduktion reduziert, Ausstattung minimiert, aufwendige Stunt-Szenen gestrichen, die Zahl der Drehtage von im Durchschnitt 28 auf 23[52] gekürzt (vgl. Seewald 2012; KEF 2018: 372). Dieser Verlust an „Production-Value" verärgerte eine zunehmende Zahl an Autoren und Produzenten, die gelegentlich sogar öffentlich anmerkten, dass die Sparbemühungen allmählich „ans Eingemachte" gingen (vgl. Sagatz 2012).

Offensichtlich hat die (öffentliche) Kritik von Publikum und Machern gewirkt. Denn inzwischen sind die *Tatort*-Budgets gestiegen und zwar nach Angaben der KEF im Jahr 2015 auf im Durchschnitt 1,544 Mio. EUR und 2016 auf 1,664 Mio. EUR (vgl. KEF 2018: 371). Auch diese Beträge sind einschließlich Umsatzsteuer zu verstehen, sodass der Produzent etwa 100.000 EUR weniger erhält. Dieser Korridor zwischen 1,5 bis 1,7 Mio. EUR wurde uns in Interviews von *Tatort*-Machern bestätigt und entspricht auch den Angaben, die die ARD selbst inzwischen transparent dokumentiert (ARD 2018) Die für die Produktion zur Verfügung stehenden Budgets sind damit seit 2011 um rund 200.000 EUR gestiegen. Diese Steigerung von rund 15 % geht über die allgemeine produktionsspezifische Teuerungsrate von 1,5 % bis 2 % pro Jahr hinaus. Aus Sicht der *Tatort*-Macher ist es schließlich auch zu begrüßen, dass die durchschnittliche Zahl der Drehtage (23 Drehtage) seit 2011 nicht mehr weiter reduziert wurde.

52 Ausnahme: *Tatort*-Eigenproduktionen (HR und SWR) mit deutlich mehr Drehtagen.

Produzentenstudie 2018

I. RECHTEVERTEILUNG BEI FERNSEHPRODUKTIONEN

I. RECHTEVERTEILUNG BEI FERNSEHPRODUKTIONEN

Oliver Castendyk

Das wesentliche Gut, das Produktionsunternehmen bei ihrer Geschäftstätigkeit generieren, sind Rechte an audiovisuellen Produktionen (Hess / Schulze 2003: 41ff). Filmeigentum bedeutet Rechteeigentum. Der Wert einer Produktionsfirma bemisst sich auch auf der Basis der beim Unternehmen liegenden langfristigen Filmrechte, der sogenannten „library" (Vogel 2007: 91ff). Die Verteilung der Rechte zwischen Produktionsunternehmen und ihren Geschäftspartnern in einem vertikalen Markt (d.h., im Verhältnis zu den kreativ Mitwirkenden einerseits und zu den Abnehmern, wie etwa TV-Sendern oder Filmverleihern, andererseits) gehört deshalb zu den zentralen Parametern eines Marktes, seiner Struktur, seiner Innovations- und Wettbewerbsfähigkeit. Während eine Rechteteilung bei einer Kinofilmproduktion den Regelfall ausmacht, ist dies bei einer Fernsehproduktion nicht der Fall.

Die Debatte über die Verteilung von Rechten zwischen TV-Sendern und den Fernsehproduzenten wird seit Ende der neunziger Jahre unter dem Stichwort „Terms of Trade" geführt (vgl. Bauer 2002: 32ff; Castendyk / Keile 2005: 15ff; DIT / DCMS 2000: 38). Hintergrund ist die traditionelle Rechteverteilung, die zu Zeiten des öffentlich-rechtlichen Monopolfernsehens überall in Europa entstanden war. Sie ist geprägt durch das sogenannte „Buy-Out"-Prinzip und das „HU-&-Gewinn"-Modell. Danach beauftragt der Sender den Produzenten mit der Herstellung einer Produktion und übernimmt sämtliche Kosten, die mit der Produktion verbunden sind. Der Auftragnehmer erhält eine Gemeinkostenpauschale, genannt „HU", von 6 % der Herstellungskosten sowie einen festen Ge-

Bild 16: *Laut, hart, magisch – so klingen die Finnen* (2017), Sounding Images / arte

Bild 17: *Mia and Me* (2018), Hahn & m4e Productions / ZDF

winnaufschlag von 7,5 %. Im Gegenzug muss der Produzent sämtliche Nutzungsrechte an der Produktion abgeben; er wird deshalb „ausgekauft" („Buy-Out"). Die Herstellungskosten werden in einem Verhandlungsprozess mit dem Sender, der sogenannten Budgetverhandlung, gemeinsam definiert. Der Produzent verpflichtet sich, die audiovisuelle Produktion zu diesen vereinbarten Kosten herzustellen. Wird die Produktion teurer, z.B. weil das Wetter bei den Dreharbeiten nicht mitspielt, trägt er die Kosten.[53]

In diesem klassischen Modell der Zusammenarbeit von Sendern und ihren Content-Lieferanten ist der Sender dominierend. Es werden wenige Impulse für Dynamik, internationale Wettbewerbsfähigkeit und Innovation gesetzt. Das Modell belohnt eine langfristige Orientierung an bestimmten Kunden, z.B. gute Kontakte zu Senderredaktionen und die passgenaue Umsetzung der Wünsche des Auftraggebers. Eine Orientierung an einem internationalen Markt, an verschiedenen potenziellen Kunden für das Produkt „audiovisuelles Programm" ist nicht gefordert.

Um die Pluralität der Programmherstellung, die Dynamik und internationale Wettbewerbsfähigkeit der heimischen Produktionswirtschaft zu erhöhen, haben Staaten wie Frankreich und Großbritannien die „Terms of Trade" gesetzlich geregelt (Bräunig / Kreile 2011, 529 ff; Castendyk / Keil / Wickleder 2006). Ohne an dieser Stelle in die Tiefe zu gehen, lassen sich die Regelungen dahingehend kurz zusammenfassen, dass sie eine Rechteteilung zwischen TV-Sender und Produzent vorsehen. Der Sender darf nur noch zeitlich (z.B. auf fünf Jahre) begrenzte TV-Rechte für sein Territorium (z.B. Großbritannien) erwerben. Die Rechte für andere Nutzungen (z.B. DVD, On-Demand, Merchandising etc.) und die nicht an den Sender lizenzierten TV-Rechte (z.B. für die Auswertung in anderen Staaten) bleiben beim Produzenten. Zumindest in Großbritannien scheint die Regulierung der „Terms of Trade", die in sie gesetzten Erwartungen erfüllt zu haben (Oliver & Ohlbaum 2011: 10).

Die Allianz Deutscher Produzenten – Film & Fernsehen hat sich in den letzten Jahren intensiv bemüht, eine stärkere Rechteteilung auch für den deutschen Produktionsmarkt durchzusetzen. Es ist gelungen, die

53 Ausführliche Darstellung des traditionellen Modells in Deutschland bei: Zabel 2009: 89; Eder / Keil 2002: 57ff; Castendyk / Keil 2005; für die USA: Covington 1994: 189ff.

Länder zumindest von diesem Ziel zu überzeugen: Die Länder haben in zwei Protokollerklärungen deutlich gemacht, dass sie für die beitragsfinanzierten öffentlich-rechtlichen Fernsehveranstalter eine Rechteteilung für notwendig erachten. Die Notwendigkeit, Regelungen in einem Rundfunkstaatsvertrag einstimmig zu treffen, hat jedoch verhindert, dass dieses Ziel, wie in Großbritannien oder Frankreich, gesetzlich festgeschrieben wurde. Um den deutschen Produktionsmarkt einschätzen zu können, ist deshalb auch ein Blick auf die Rechteverteilung notwendig.

Daneben gibt es weitere Anreize, mittels derer ein Produzent am Erfolg seines Produktes beteiligt wird: Beim Bonusmodell erhält die Produktionsfirma eine Sonderzahlung, die an bestimmte Erfolgsquoten, insbesondere das Erreichen eines bestimmten Marktanteils im Fernsehzuschauermarkt, geknüpft ist. Auch eine Beteiligung an der Rechteverwertung des Senders gehört zu den Leistungsanreizen. So hat die Allianz Deutscher Produzenten Film und Fernsehen in ihren Gesprächen über Eckpunkte für ausgewogene Vertragsbedingungen mit ARD und ZDF eine Beteiligung an Vertriebserlösen erreicht (Produzentenallianz 2009; Produzentenallianz 2010). Verkauft also z.B. ZDF Enterprises eine deutsche Serie an einen italienischen Sender, erhält der Produzent der Serie einen Anteil von 17 % des Bruttoerlöses, abzüglich der Kosten für eine Synchronisation in italienischer Sprache.

Eine zusätzliche Schwierigkeit bei der Rechteteilung bieten die seit 2016 verstärkten Bestrebungen der TV-Sender, ihr Mediathekenangebot zeitlich und vom Umfang auszubauen, weil sich diese Auswertung auf die weitere Auswertung in anderen Nutzungsformen auswirkt.

Die Erkenntnis aus unserer Studie lautet: Das Buy-Out-Modell ist bei TV-Auftragsproduktionen immer noch die Normalität.

Abbildung 58: Rechteteilung bei Auftragsproduktionen nach Auftraggeber (2017)
Quelle: Branchenumfrage der HMS. Frage: „Hat der Auftraggeber sämtliche Nutzungsrechte an der Produktion erworben (Buy-Out)?".

Allerdings zeigt der Vergleich zu 2011, dass die Rechteteilung sowohl bei den öffentlich-rechtlichen als auch bei den privaten TV-Veranstaltern auf dem Vormarsch ist. Bei den Landesrundfunkanstalten ist der Anteil von 12 % auf 18 % gestiegen, bei den Privaten von 21 % auf 33 %. Bei als Auftragsproduktion hergestellten TV-Movies lag der Anteil der Buy-Outs in der Umfrage 2011 bei 100 %, 2017 betrug er nur noch 85 %.

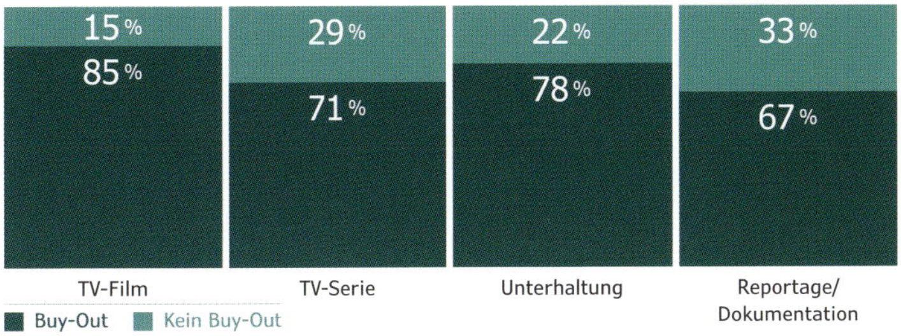

Abbildung 59: Buy-Outs bei Auftragsproduktionen nach Genres (2017)
Quelle: Branchenumfrage der HMS. Frage: „Hat der Auftraggeber sämtliche Nutzungsrechte an der Produktion erworben (Buy-Out)?".

Auch bei Serien und Reportagen/Dokumentationen ist der Anteil der Buy-Outs gesunken. Angesichts der geringen Fallzahl von 57 Produktionen sind die Aussagen allerdings mit Vorsicht zu betrachten, weil nicht auszuschließen ist, dass es sich um Effekte handelt, die aus der Zusammensetzung der Stichprobe herrühren. Ähnlich vorsichtig müssen auch die Ergebnisse zur Erlösbeteiligungen bei Auftragsproduktionen beurteilt werden.

Festhalten lässt sich, dass sowohl die Rundfunkanstalten als auch die privaten Anbieter Erlösansprüche gewähren und dass die Anstalten im Vergleich zur privaten Konkurrenz deutlich aufgeholt haben. Denn 2011 war der Anteil der für Privatsender hergestellten Produktionen mit Erlösansprüchen höher als der Anteil der für öffentlich-rechtliche Sender produzierten.

Abbildung 60: Erlösanspruch bei Auftragsproduktionen nach Auftraggeber (2017)
Quelle: Branchenumfrage der HMS. Frage: „Hat Ihr Unternehmen Erlösbeteiligungen aus Erlösansprüchen erhalten?“.

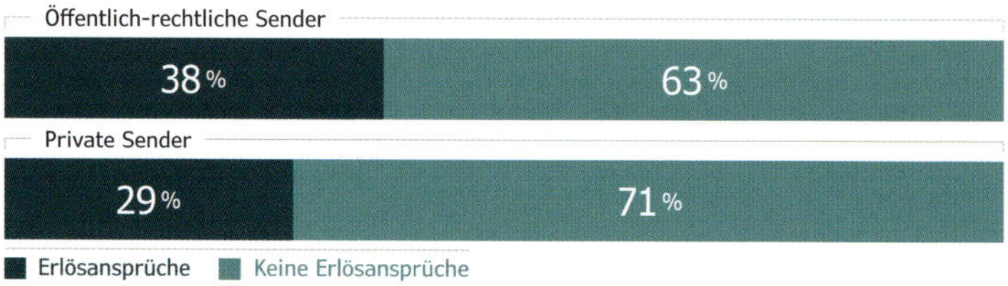

Nicht verändert hat sich das Verhältnis beider Seiten des dualen Systems mit Bezug auf Bonus-Ansprüche. Hier bleibt es dabei, dass Boni im öffentlich-rechtlichen System selten vorkommen, während marktanteilsbezogene Boni bei den Privaten, insbesondere bei Serien, üblicher sind.

Abbildung 61: Erfolgsabhängige Zahlungen (Boni) bei Auftragsproduktionen nach Auftraggeber (2017)
Quelle: Branchenumfrage der HMS. Frage: „Erhält Ihr Unternehmen eine erfolgsabhängige Zahlung (Bonus)?“.

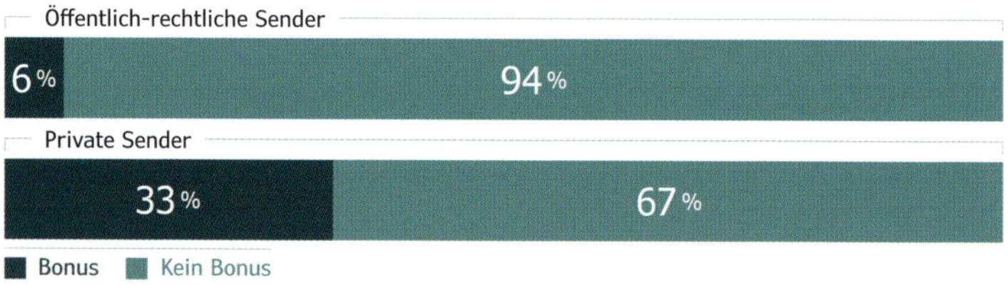

Leider waren die Antworten auf unsere Fragen zur Nebenrechtevergabe an die (nur mitfinanzierenden) TV-Sender bei teilfinanzierten Produktionen aufgrund einer geringen Fallzahl nicht ergiebig. Die wenigen Antworten zeigen zudem eine große Varianz hinsichtlich der Rechteverteilungen bei teilfinanzierten Produktionen. So wurden den TV-Sendern zwar Mediathekenrechte eingeräumt, aber nicht zu einer einheitlichen Frist. Die Verweildauern, mit denen ein Programm nach jeder Ausstrahlung in der Mediathek angeboten werden durfte, reichten von 14 Tagen über drei Monate bis zu einer unbegrenzten Frist. Neue Standards scheinen sich in diesem Bereich noch nicht entwickelt zu haben.

J. DARSTELLUNG DER AKTUELLEN BESCHÄFTIGUNGSSTRUKTUR

J. DARSTELLUNG DER AKTUELLEN BESCHÄFTIGUNGSSTRUKTUR

Juliane Müller

Zu den zentralen wirtschaftlichen Kerndaten einer Branche zählen die Mitarbeiterzahlen. Die Beschäftigung und deren Entwicklung ist ein wichtiger Indikator für die Bedeutung und wirtschaftliche Lage einer Branche. Deswegen wird nachfolgend die Beschäftigtenstruktur der Filmproduktionsbranche näher beleuchtet.

J.I. Beschäftigte in Filmwirtschaft und Filmproduktion laut amtlicher Statistik

Nach Angaben der Bundesagentur für Arbeit sind am Erhebungsstichtag, dem 30.06.2017, insgesamt 60.766 Mitarbeiter sozialversicherungspflichtig sowie geringfügig beschäftigt. Zur Filmwirtschaft im Sinne der Klassifikation der Wirtschaftszweige (WZ 59.1) gehören die Produktionswirtschaft im engeren und weiteren Sinne, der Filmverleih und -vertrieb, die filmtechnischen Betriebe inklusive Postproduktion sowie die Kinobetriebe.

Hierin enthalten sind die sozialversicherungspflichtig Beschäftigten (39.358) in Vollzeit (69 %) und Teilzeit (31 %), die Auszubildenden (1.326) sowie die geringfügig Beschäftigten (20.082). In der Gruppe der Festan-

Bild 18: Die Affäre Borgward (2019), Cinecentrum / ARD, Foto: Jörg Landsberg

gestellten mit umfasst sind die projektbezogenen Mitarbeiter, sofern sie für die Projektdauer am Erhebungsstichtag sozialversicherungspflichtig angestellt waren. Bei der Bundesagentur für Arbeit wurden bewusst die Beschäftigtenzahlen für den 30.06. angefragt, um eine möglichst hohe Zahl an projektbezogen Angestellten zu erfassen. Denn der Juni ist üblicherweise einer der produktionsintensivsten Monate des Jahres.

Nicht enthalten sind Inhaber von Produktionsunternehmen (es sei denn, sie waren als Geschäftsführer des Unternehmens angestellt), freie Mitarbeiter und selbstständige Projektmitarbeiter.

Betrachtet man ausschließlich den Wirtschaftszweig 59.11 (Herstellung von Filmen, Videofilmen und Fernsehprogrammen), so sind im Bereich der Produktion (im engeren und weiteren Sinne) ca. die Hälfte der in der Filmwirtschaft Beschäftigten tätig. Mit Blick auf die sozialversicherungspflichtig Angestellten inkl. der Auszubildenden steigt der Anteil der in der Produktion Tätigen auf über 60 %. Von den geringfügig Beschäftigten sind lediglich 17 % in der Filmproduktion tätig. Fast 90 % der gut 28.000 Mitarbeiter sind in sozialversicherungspflichtigen Beschäftigungsverhältnissen.

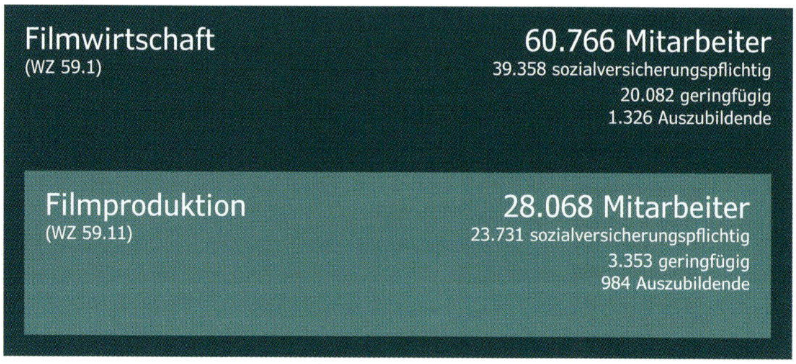

Abbildung 62: Beschäftigte in Filmwirtschaft und Filmproduktion (Juni 2017)
Quelle: Bundesagentur für Arbeit (Stichtag: 30.06.2017).

Wie haben sich die Beschäftigtenzahlen innerhalb der letzten Dekade entwickelt? Untersucht man die Entwicklung der in der Filmproduktion (WZ 59.11) sozialversicherungspflichtig Angestellten zeigt sich, dass mit über 24.700 die Mitarbeiterzahl im Jahr 2017 so hoch liegt wie nie zuvor (siehe Abbildung 62).[54] Grundsätzlich ist feszuhalten, dass die Zahl der Beschäftigten im Produktionsbereich keinen massiven Schwankungen unterliegt.

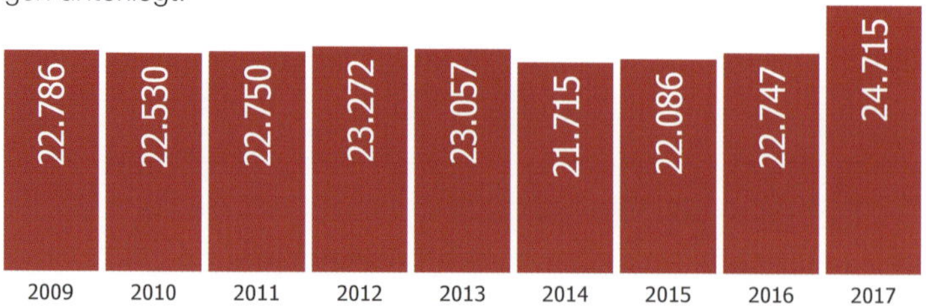

Abbildung 63: Entwicklung der sozialversicherungspflichtig Beschäftigten (inkl. Auszubildende) in der Filmproduktion (WZ 59.11, 2009 bis 2017)
Quelle: SPIO 2017: 95; Bundesagentur für Arbeit (Stichtag: jeweils der 30.06. eines jeden Jahres).

54 2008 wurde die Gliederung der Klassifikation der Wirtschaftszweige (WZ 2008) angepasst (vgl. Destatis 2008). Die Daten vor 2009 sind mit denen der Folgejahre deswegen nur eingeschränkt vergleichbar.

J.II. Die Mitarbeiter im klassischen Produktionsmarkt

Was die amtliche Statistik gar nicht bzw. nur unvollständig abbildet, sind a) die Differenzierung nach Produktionsunternehmen im engeren und im weiteren Sinne sowie b) die Beschäftigtenzahlen zu den projektbezogen angestellten und freien Mitarbeitern.

Aus diesem Grund wurden die Produktionsunternehmen in der Branchenumfrage gebeten, Angaben zu ihren Mitarbeitern zu tätigen.

J.II.1. Betriebszugehörig Beschäftigte

Sozialversicherungspflichtig Beschäftigte

Nach unserer geschichteten Hochrechnung der Stichprobe basierend auf der Umsatzsteuerstatistik geclustert nach Umsatzgrößenklassen waren im Jahr 2017 ca. 8.900 Festangestellte in Voll- und Teilzeit (inkl. Auszubildende) tätig. Diese Personen sind das ganze Jahr über ohne Bezug auf ein bestimmtes Projekt bei der jeweiligen Produktionsfirma beschäftigt. Dies ist eine deutliche Steigerung im Vergleich zum Jahr 2011, wo die Zahl der betriebszugehörig Festangestellten auf 6.050 geschätzt wurde. Neben dem Anstieg der Mitarbeiterzahlen in der Filmbranche sind als weitere Gründe für das Wachstum zu nennen, dass der Trend hin zu längerlaufenden Formaten geht, die dementsprechend auch eine längerfristigere Beschäftigung erforderlich machen. Außerdem haben sich zwischenzeitlich zentrale arbeitsrechtliche Rahmenbedingungen geändert: So wurde 2015 der gesetzliche Mindestlohn eingeführt, der sich grundlegend auf die Art der Beschäftigungsverhältnisse – weniger Praktikanten und Aushilfen, stattdessen mehr Festangestellte – ausgewirkt hat. Des Weiteren wurde der Beschäftigungsstatus einiger Berufsbilder (Stichwort Scheinselbstständigkeit) neu bewertet bzw. behördlich strenger kontrolliert, so beispielsweise bei Verbund-Kameraleuten.

Von den rund 8.900 Mitarbeitern sind 14 % im Kino- und 86 % im TV-Produktionsmarkt tätig. Obwohl jedes dritte Produktionsunternehmen Kinofilme herstellt, ist somit in diesem Bereich lediglich ein Sechstel aller betriebszugehörigen festen Mitarbeiter des klassischen Produktionsmarktes angesiedelt. Dies verwundert allerdings nicht, da in der Regel Kinoproduktionsunternehmen kleinere Betriebe als TV-Produktionsunternehmen sind. Erstere beschäftigen im Durchschnitt vier feste Mitarbeiter, Letztere viermal so viele.

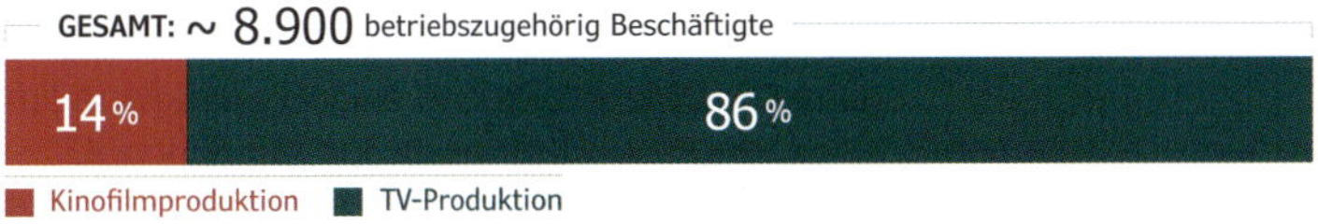

Abbildung 64: Verteilung der betriebszugehörig Beschäftigten nach Kino und TV (2017)
Quelle: Hochrechnung auf Basis der Branchenerhebung der HMS. Frage: „Bitte nennen Sie die Anzahl der Mitarbeiter, die im Juni 2017 bei Ihnen beschäftigt waren.“

Geringfügig Beschäftigte

Die Zahl der geringfügig Beschäftigten ist in der klassischen Produktionsbranche eher gering. Die Hochrechnung auf Basis unserer Umfrage ergab rund 700 geringfügig Beschäftigte. Der überwiegende Teil dieser Beschäftigungsverhältnisse entfällt somit auf Produktionsunternehmen im weiteren Sinne, sprich kleine (Einzel-) Unternehmen mit einem Umsatz von unter 100.000 EUR, Dienstleistungsunternehmen sowie Werbe- und Industriefilmproduzenten.

Bild 19: *ALAOTRA – Gefährdete Schätze Madagaskars* (2017), Dorcon Film, Foto: Guido Tölke

J.II.2. Projektgebundene und selbstständige Mitarbeiter

Projektgebunden sozialversicherungspflichtig Beschäftigte

Zu den projektbezogen Angestellten gehören Filmschaffende wie beispielsweise Aufnahmeleiter, Beleuchter, Kameraleute, Schauspieler, Cutter, Filmgeschäftsführer, teils auch Producer und Herstellungsleiter, sprich Personen, die für Planung, Dreh und Nachbearbeitung eines konkreten Projektes zuständig sind und über dieses abgerechnet werden. Da, wie oben kurz umrissen, das Produktionsgeschäft ein sehr volatiles ist und nicht zu jeder Zeit im Jahr jedes Unternehmen gleich stark mit Projekten ausgelastet ist, sind weder in der amtlichen Beschäftigtenstatistik noch in unserer Erhebung alle projektbezogen Angestellten erfasst, da beide Stichtag- bzw. Stichmonat-basiert sind. Neben dieser Unzulänglichkeit hat die Vorgehensweise allerdings einen entscheidenden Vorteil: Es werden keine projektgebundenen Mitarbeiter mehrfach gezählt. Denn ein Aufnahmeleiter, Beleuchter oder Cutter ist selten nur für ein einziges Projekt im Jahr tätig, sondern für mehrere, sodass bei einer jährlichen Betrachtungsweise etliche dieser Filmschaffenden mehrfach gezählt werden würden. Die Abfrage der Arbeitskraft unter Angabe der durchschnittlichen Beschäftigungsdauer bei der Umfrage zur letzten Produzentenstudie 2012 erwies sich als nicht zielführend, da insbesondere für Unternehmen mit vielen Projekten die Ermittlung dieser Zahlen mit einem extrem hohen Aufwand verbunden gewesen wäre, sodass die Frage von vielen Umfrageteilnehmern unbeantwortet blieb.

Gemäß den getroffenen Annahmen ist die mittels Branchenerhebung zur vorliegenden Studie erhobenene und anschließend geschichtet hochgerechnete Zahl der projektgebunden Angestellten in Höhe von rund 13.500 Personen zu niedrig. Wir schätzen den Anteil derjenigen Filmschaffenden, die im Juni 2017 nicht angestellt waren, auf ca. ein Viertel, sodass die wahre Zahl der projektgebunden sozialversicherungspflichtig Beschäftigten bei um die 18.000 Personen liegen dürfte.

Selbstständige Mitarbeiter

Neben den Mitarbeitern, die fest, geringfügig oder für die Dauer konkreter Produktionen befristet angestellt werden, existiert noch eine weitere Gruppe von Mitarbeitern: die Selbstständigen. Sie arbeiten auf Rechnung entweder für das Unternehmen insgesamt (z.B. als Webdesigner oder Informatiker) oder für ein konkretes Projekt (z.B. als Drehbuchautor). Der Anteil der unabhängig Beschäftigten in der Filmbranche geht zurück, weil die Deutsche Rentenversicherung Bund und ihr folgend die Rechtsprechung der Arbeits- und Sozialgerichte die Anforderungen an die Selbstständigkeit in der Film- und Fernsehproduktion immer höhergeschraubt hat.

Gemäß unserer Erhebung und Hochrechnung zählt die klassische Produktionsbranche rund 9.300 freie Mitarbeiter.

J.II.3. Beschäftigungsstruktur im Gesamtbild

Fügt man nun die einzelnen Mitarbeiter gruppiert nach Beschäftigungsverhältnissen zusammen ergibt sich folgendes Gesamtbild:

Abbildung 65: Beschäftigungsstruktur bei klassischen Produktionsunternehmen (Juni 2017, unternehmensbezogen)
Quelle: Eigene Erhebung und Hochrechnung auf Basis der Branchenumfrage der HMS. Frage: „Bitte nennen Sie die Anzahl der Mitarbeiter, die im Juni 2017 bei Ihnen beschäftigt waren."

Differenziert nach Fernsehen und Kino zeigt sich, dass der Anteil der Festangestellten bei TV-Produktionen (31 %) fast doppelt so hoch liegt wie bei Kinoproduktionen (16 %), während es sich bei den freien Mitarbeitern umgekehrt verhält (vgl. Abbildung 66). Dies liegt daran, dass die Auslastung im Fernsehbereich konstanter ist als im Kinobereich.

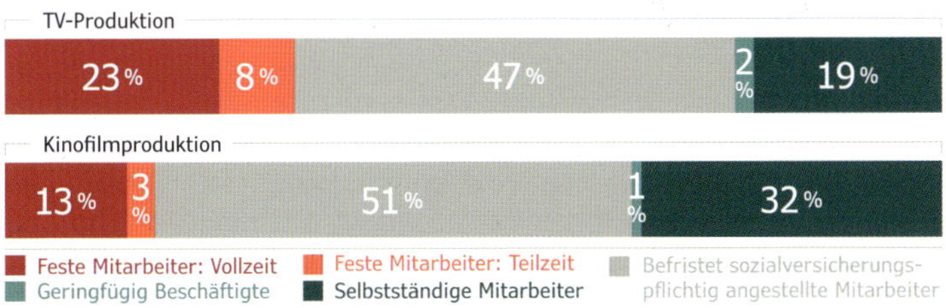

Abbildung 66: Beschäftigtenstruktur bei Kinofilm- und TV-Produktionsunternehmen (Juni 2017, unternehmensbezogen)
Quelle: Branchenumfrage der HMS. Frage: „Bitte nennen Sie die Anzahl der Mitarbeiter, die im Juni 2017 bei Ihnen beschäftigt waren."

Im Vergleich zum französischen Produktionsmarkt liegen die Beschäftigtenzahlen in Deutschland leicht höher. Im Jahr 2015 waren gut 21.000 Mitarbeiter unbefristet, befristet sowie projektbezogen angestellt; in Deutschland waren es im Jahr 2017 um die 27.000. Im Unterschied zu Deutschland ist in Frankreich der Wirtschaftszweig 59.11 nach Fernsehen (A), Werbung (B) und Kino (C) untergliedert[55]. Dadurch ist eine dif-

55 Die WZ-Klassifikation Frankreichs (NAF = nomenclature d'activités française) ist ausdifferenzierter als die Deutschlands. Die französische WZ-Gruppe 59.11 kennt noch die Unterklassen 59.11A Herstellung von Filmen und Programmen fürs Fernsehen (Production de films et de programmes pour la télévision), 59.11B Herstellung von Industrie- und Werbefilmen (Production de films institutionnels et publicitaires) sowie 59.11C Herstellung von Kinofilmen (Production de films pour le cinéma)

ferenzierte Betrachtung möglich und zeigt, dass 67 % im Bereich der TV-Produktion und 33 % im Segment Kinofilmproduktion beschäftigt sind.

Tabelle 9: Beschäftigtenzahlen in Frankreich differenziert nach Fernsehen und Kino sowie Art des Anstellungsverhältnisses (2015)
Quelle: Audiens 2017: 16.

WZ-Gruppe (NAF)	Art des Anstellungsverältnisses	Mitarbeiter
59.11A Herstellung von Filmen und Programmen fürs Fernsehen	Unbefristet	4.045
	Befristet	1.032
	Projektbezogen befristet	9.103
59.11C Herstellung von Kinofilmen	Unbefristet	2.150
	Befristet	454
	Projektbezogen befristet	4.265
GESAMT		**21.049**

J.II.4. Frauen- und Männeranteil im klassischen Produktionsmarkt

Im Hinblick auf das seit vergangenem Jahr verstärkt verfolgte Thema Frauenquote bei Film und Fernsehen wurde in der Umfrage der Frauenanteil unter den sozialversicherungspflichtig Beschäftigten in Produktionsunternehmen anteilig nach Geschlecht abgefragt. In unserer Stichprobe stellt sich das Verhältnis 50 zu 50 dar.

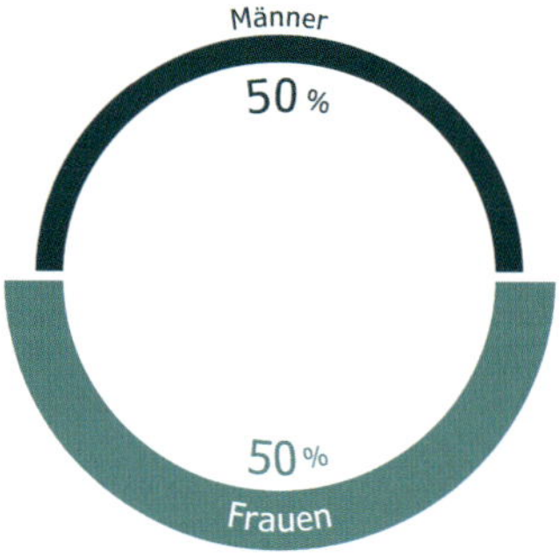

Abbildung 67: Anteil der weiblichen und männlichen Mitarbeiter (Juni 2017, unternehmensbezogen)
Quelle: Branchenumfrage der HMS. Frage: „Bitte nennen Sie den Frauenanteil unter all Ihren betriebszugehörig und projektgebunden Beschäftigten für Juni 2017".

Das Ergebnis überrascht, wo die Produktionsbranche doch als männerdominierte Branche gilt. Die FFA-Studie Gender und Film (2017) weist für den Bereich Produktion bei Kinofilmen eine Verteilung von 14 % Frauen (-Teams) vs. 58 % Männer (-Teams) aus; die restlichen 28 % waren gemischtgeschlechtliche Teams. Ausgewogener ist das Verhältnis bei Fernsehproduktionen; dennoch überwiegen auch hier die Männer (-Teams) (48 %) gegenüber den Frauen (-Teams) (32 %) (ARD / ZDF 2017: 3). Allerdings wurden bei den beiden genannten Studien ausschließlich die Filmschaffenden (projektbezogen befristet Angestellte) der untersuchten 1.110 Kinofilm- und 1.397 TV-Fiction-Produktionen berücksichtigt, während die Erhebung zur vorliegenden Studie auch die Festangestellten in den Blick nimmt, bei denen offenbar die weiblichen Angestellten in der Mehrheit sind. Voraussichtlich würde sich ein differenzierteres Bild ergeben bei einer Aufschlüsselung nach Position und Tätigkeitsbereich.

In Frankreich liegt der Frauenanteil in der Film- und Fernsehproduktionsbranche bei 42 % und damit etwas weniger ausgewogen als in Deutschland. Der landesweite Durchschnitt Frankreichs in Bezug auf die weiblichen Beschäftigten über alle Wirtschaftsbereiche hinweg beträgt 48 % (CNC 2018b: 230).

Bild 20: *Ewige Helden* (2018), Tresor TV / VOX, Foto: Markus Hertrich

J.III. Exkurs: Orientierung an tariflichen Vereinbarungen in der Filmbranche

Oliver Castendyk

Auf Bitte der Filmförderungsanstalt wurde abgefragt, welche Bedeutung der Tarifvertrag für auf Produktionsdauer beschäftigte Film- und Fernsehschaffende 2016/17 (kurz TV FFS 2016/17) für die Praxis der Filmproduktion hat. Dabei wurde auf zwei Regelungen des zur Zeit der Untersuchung aktuellen Tarifvertrags abgestellt, die aus Sicht der befragten Branchenteilnehmer in der Praxis relevantesten sind: Arbeitszeit und Vergütung. Des Weiteren wurde differenziert zwischen Kino- und TV-Produktionsfirmen.

Bei der Fragestellung wurde mit dem Begriff „Orientierung" bewußt eine etwas weichere Formulierung gewählt. Die Antwortmöglichkeiten von „immer" bis „nie" legen aber gleichzeitig einem Befragten nahe, dass er bei einer Nichteinhaltung des Tarifvertrags eher „nie" oder „selten" ankreuzt, so dass eine „Orientierung" deshalb in dieser konkreten Frage weiter reicht als im allgemeinen Sprachgebrauch. Eine strengere Formulierung, wie „Halten Sie sich an den TV FFS?", wäre auch missverständlich und nicht sinnvoll gewesen, weil sich nur tarifgebundene Unternehmen an einen Tarifvertrag halten müssen. Alle anderen Unternehmen können sich nur am TV FFS orientieren. Der Anteil nicht-tarifgebundener Unternehmen beträgt ca. vier Fünftel der am Markt agierenden Produktionsunternehmen.

Bei der Einordnung der Antworten ist zu berücksichtigen, dass eine Verzerrung in Richtung der Antworten „immer" und „überwiegend" möglich wäre, weil diese Antworten von den Befragten als „sozial erwünscht" angesehen werden könnten.[56]

56 Zum Bias der „sozialen Erwünschtheit": vgl. Schnell / Hill / Esser 2005: 355f.

Nach den Ergebnissen der Umfrage orientieren sich fast die Hälfte der Produktionsunternehmen immer und weitere 26 % bzw. weitere 37 % überwiegend am Gagentarifvertrag und an den tariflichen Arbeitszeitregelungen.

Abbildung 68: Orientierung an den Vereinbarungen zu Mindestgagen und Arbeitszeitregelungen im TV FFS 2016/17 (2018)
Quelle: Branchenumfrage der HMS. Frage: „Orientieren Sie sich am geltenden Tarifvertrag für Film- und Fernsehschaffende (TV FFS 2016/17)?“.

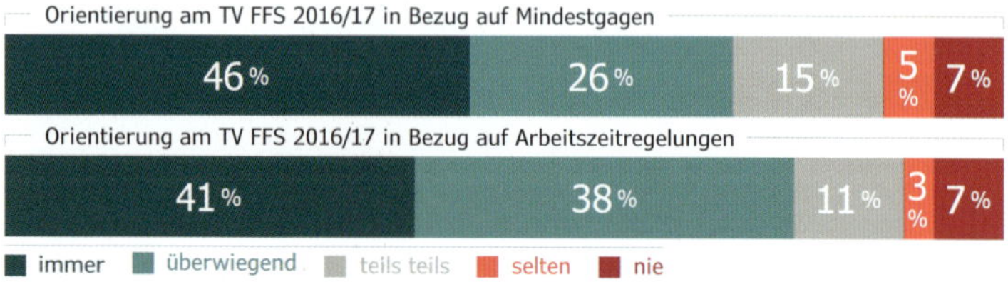

Die Unterschiede zwischen den Kinofilm- und TV-Produzenten, die angeben, sich mit Bezug auf Gagen immer am Tarifvertrag zu orientieren, sind nicht groß. Die Gruppe derer hingegen, die sich überwiegend an diesen Regelungen orientieren, ist im Fernsehproduktionsbereich deutlich kleiner als im Kinofilmproduktionssektor (siehe Abbildung 69).

Abbildung 69: Orientierung an den Vereinbarungen zu Mindestgagen im TV FFS 2016/17 differenziert nach Kinofilm- und TV-Produzenten (2018)
Quelle: Branchenumfrage der HMS. Frage: „Orientieren Sie sich am geltenden Tarifvertrag für Film- und Fernsehschaffende (TV FFS 2016/17)?“.

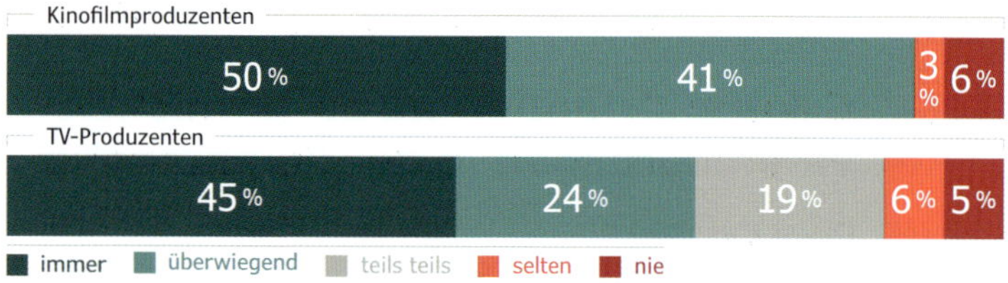

Sehr ähnlich sind die Ergebnisse mit Bezug auf die Arbeitszeitregelungen. Allerdings sind die Antworten vor dem Hintergrund der Tatsache bemerkenswert, dass nur eine Bindung an den Tarifvertrag oder eine einzelvertragliche Bezugnahme auf den Tarifvertrag es dem Produktionsunternehmen erlaubt, mehr als die im Arbeitszeitgesetz vorgesehene tägliche Höchstgrenze von 10 Arbeitsstunden (inkl. Bereitschaft) zu arbeiten. Da es erfahrungsgemäß immer wieder zu Drehzeiten von mehr als 12, zum Teil sogar mehr als 14 Stunden kommt, ist eine Orientierung an den Arbeitszeitregelungen des TV FFS eigentlich zwingend geboten. Insoweit dürfte es Antworten wie „teils teils“, „selten“ oder „nie“ eigentlich kaum geben, wenn sich Produktionsunternehmen rechtmäßig verhalten wollen. Insoweit sind die nachfolgenden 12 % im Kino- und 22 % im TV-Produktionssektor bedenklich.

Abbildung 70: Orientierung an den Vereinbarungen zu Arbeitszeitregelungen im TV FFS 2016/17 differenziert nach Kinofilm- und TV-Produzenten (2018)
Quelle: Branchenumfrage der HMS. Frage: „Orientieren Sie sich am geltenden Tarifvertrag für Film- und Fernsehschaffende (TV FFS 2016/17)?“.

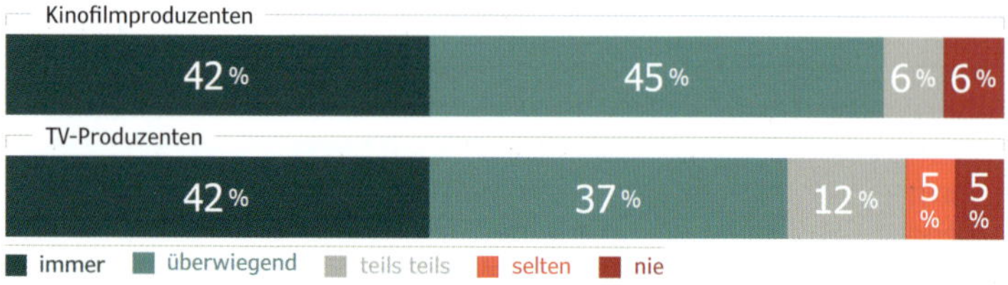

Die tarifgebundenen Unternehmen orientieren sich offenbar stärker an den Vorgaben des Gagentarifvertrags und den Arbeitszeitregelungen im Manteltarifvertrag als die nicht tarifgebundene Unternehmen. Diese sind, jedenfalls wenn auf Arbeitnehmerseite ebenfalls Tarifbindung besteht, rechtlich verpflichtet den Gagentarifvertrag einzuhalten, sofern die entsprechenden Gewerke (z.B. Kamera, Kameraschwenker, Continuity usw.) überhaupt im Gagentarifvertrag abgebildet sind. Da der Tarifvertrag – historisch bedingt – vor allem Fiction-Produktionen regelt, ist dies bei Dokumenations- und TV-Unterhaltungsproduktionen nicht immer der Fall.

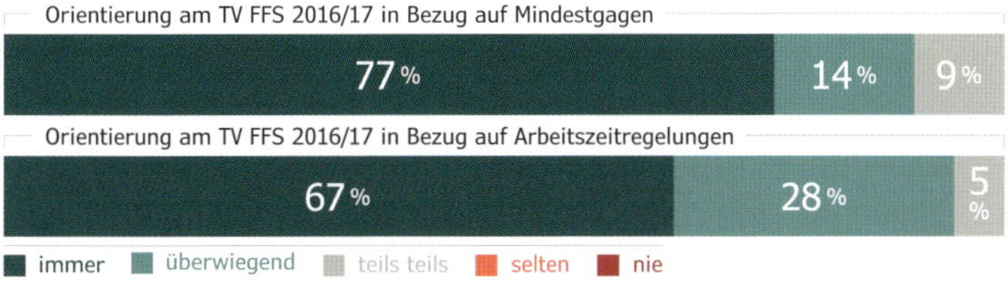

Abbildung 71: Orientierung tarifgebundener Unternehmen an den Vereinbarungen zu Mindestgagen und Arbeitszeitregelungen im TV FFS 2016/17 (2018)
Quelle: Branchenumfrage der HMS. Fragen: „Orientieren Sie sich am geltenden Tarifvertrag für Film- und Fernsehschaffende (TV FFS 2016/17)?" und „Ist Ihr Unternehmen tarifgebunden?".

Die tarifgebundenen Kinofilmproduzenten scheinen dabei noch tariftreuer zu sein als ihre TV-Kollegen.

Abbildung 72: Orientierung an den Vereinbarungen zu Mindestgagen im TV FFS 2016/17 differenziert nach tarifgebundenen Kinofilm- und TV-Produzenten (2018)
Quelle: Branchenumfrage der HMS. Fragen: „Orientieren Sie sich am geltenden Tarifvertrag für Film- und Fernsehschaffende (TV FFS 2016/17)?" und „Ist Ihr Unternehmen tarifgebunden?".

K. MARKTVERÄNDERUNGEN DURCH NEUE NACHFRAGER: DER VOD-MARKT IN DEUTSCHLAND

K. MARKTVERÄNDERUNGEN DURCH NEUE NACHFRAGER: DER VOD-MARKT IN DEUTSCHLAND

Oliver Castendyk, Klaus Goldhammer und Mathias Birkel

Der VoD-Markt in Deutschland wächst: Während die klassische, lineare Fernsehnutzung in den jüngeren Altersgruppen zurückgeht, steigt die Nutzung der VoD-Dienste stark an. Diese, sich derzeit beschleunigende De-Linearisierung des audiovisuellen Medienkonsums wird nicht nur den Free-TV-, Pay-TV- und physischen Home-Video-Markt tiefgreifend verändern, sondern auch die vorgelagerten Märkte, allen voran den Produktionsmarkt.

Den deutschen Produktionsunternehmen ist dies nur allzu klar. Die Produzenten halten VoD für einen bedeutenden Faktor für die deutsche Produktionswirtschaft. 88 % der Umfrageteilnehmer halten SVoD, 63 % TVoD und 60 % AVoD für sehr wichtige bis wichtige Trends und damit deutlich vor Games, AR und VR.

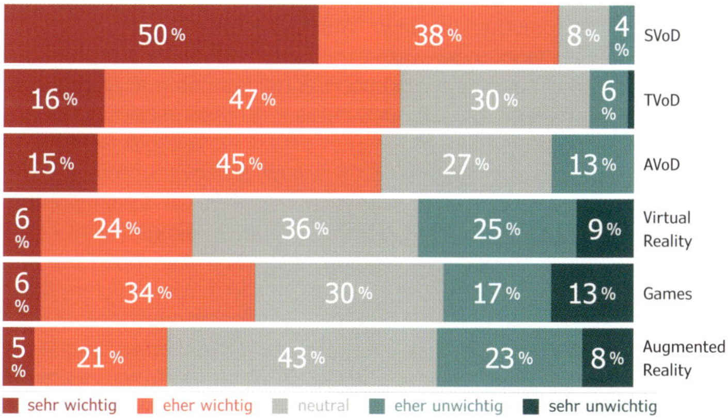

Abbildung 73: Bedeutung von Trends für die deutsche Produktionswirtschaft (2018)
Quelle: Branchenumfrage der HMS. Frage: „Wie schätzen Sie die Bedeutung der folgenden Trends für die deutsche Produktionswirtschaft insgesamt ein und wie bewerten Sie den Einfluss auf Ihr Unternehmen?".

Nachfolgend wird dieser grundlegende Wandel anhand von empirischen Daten beschrieben und die Folgen für die deutsche audiovisuelle Produktionswirtschaft analysiert.

K.I. Formen von VoD-Angeboten

Die Anzahl der VoD-Angebote in Deutschland steigt seit Mitte der 2000er Jahre rapide. Dies gilt nicht nur für die Gesamtzahl der im Internet auf Plattformen wie YouTube oder Facebook veröffentlichten Videos, sondern auch für die Anzahl der publizistisch relevanten Kanäle[57], die von 2015 bis 2017 um 66 % auf über 12.000 gestiegen sind (BLM / LfK 2015, BLM / LfK 2016 sowie BLM / LfK 2017).

Abbildung 74: Acht Kategorien für VoD-Angebote (2017)
Quelle: Eigene Darstellung von Goldmedia auf Basis des BLM/LFK-Web-TV-Monitor 2017 (BLM / LFK 2017).

Mit Blick auf professionelle Video-Inhalte, die im Netz gewinnbringend vermarktet werden sollen, ist vor allem eine Differenzierung nach ihrem Geschäftsmodell relevant (vgl. Abbildung 75).

Grundsätzlich sind dabei werbefinanzierte (Adverting Video-on-Demand – AVoD) von gebührenpflichtigen VoD-Angeboten (Pay-VoD) abzugrenzen. Im Bereich der Pay-VoD-Angebote lassen sich VoD-Abonnements (Subscription Video-on-Demand – SVoD), wie z.B. Netflix, von transaktionsbasierten Modellen (TVoD), wie etwa iTunes, unterscheiden. Die einzelnen Transaktionen können sich wiederum auf einen Leihvorgang (Download to Rent – DtR) oder einen Kaufvorgang (Download to own – DtO oder auch Electronic Sell Through – EST) für einen Film oder eine Serienepisode bzw. -staffel beziehen. Anbieter wie Amazon, Maxdome oder Sky vermarkten Titel sowohl über SVoD als auch über TVoD.

Zuletzt existieren auch kostenfrei verfügbare, nicht werbefinanzierte Inhalte (Free Video-on-Demand – FVoD), die im Wesentlichen durch die öffentlich-rechtlichen Sender im Rahmen ihrer Mediatheken und sonstigen Web- und Mobile-Angebote (z.B. FUNK) oder durch nicht-kommerzielle Institutionen angeboten werden.

Es ist ein Trend hin zu einer zunehmenden Hybridisierung der Finanzierung der Plattformen zu erkennen. So weitet z.B. YouTube sein Angebot aus: Neben dem frei zugänglichen AVoD-Angebot stellt die Plattform nun auch Inhalte zum kostenpflichtigen Einzelabruf bereit sowie seit Juni 2018 über YouTube Premium eigenproduzierte Inhalte für Abonnenten, wie z.B. die Dokumentation *LeFloid VS The World* (Gebhardt 2018).

57 Zur Ermittlung relevanter Kanäle wurde die Definition eines zulassungspflichtigen Rundfunkangebots der Landesmedienanstalten herangezogen, welche Online-Formate mit mindestens 500 potenziellen gleichzeitigen Nutzern als rundfunkähnlich definieren und ihnen publizistische Bedeutung zuschreiben (ALM 2017a: 1).

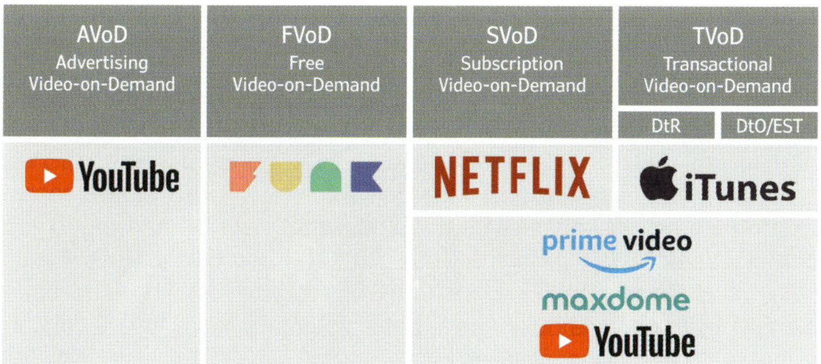

Abbildung 75: Kategorisierung von Video-on-Demand-Angeboten (Auswahl)
Quelle: Eigene Darstellung der HMS.

Relevant für den deutschen Produktionsmarkt sind vor allem die Auftraggeber bzw. Lizenznehmer für professionell erstellte audiovisuelle Inhalte. Dies betrifft sowohl die VoD-Angebote der großen öffentlich-rechtlichen und privaten Stender als auch die weltweiten SVoD-Anbieter, wie Netflix und Amazon mit Prime Video, aber auch Corporate Video- und werbefinanzierte Onlinevideo-Anbieter beauftragen Produktionsunternehmen mit der Erstellung von Content.

K.II. Wachsende De-Linearisierung

Dass der deutsche Medienkonsum für Bewegtbilder sich tiefgreifend ändert, wird insbesondere bei den jüngeren Nutzern sichtbar: So lag der durchschnittliche Nutzungsanteil (gemessen in Zeit) für klassisches, lineares Fernsehen laut dem Digitalisierungsbericht der Landesmedienanstalten im Jahr 2017 bei den 14- bis 29-Jährigen nur noch bei 38,3 % – 17,8 % weniger als noch 2016. Stattdessen lag der Nutzungsanteil für

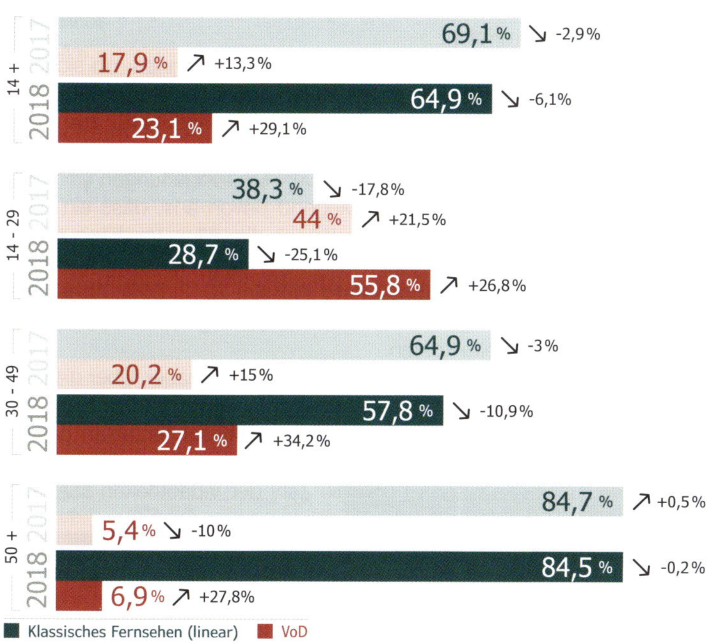

Abbildung 76: Durchschnittlicher Nutzungsanteil linearer und non-linearer Medien differenziert nach Altersgruppen (2017 und 2018)
Quelle: ALM 2017c: 38; ALM 2018b: 47; Basis: Personen ab 14 Jahre in Deutschland (2016: 69,241 Mio.; 2017: 69,5 Mio.; 2018: 70,094 Mio.).

Bild 22: *Das Boot* (2018/19), Bavaria Fiction in Koproduktion mit Sonar Entertainment / Sky Deutschland, Foto: Nik Konietzny

Das Abonnement-Modell (SVoD) wächst dabei ungleich stärker als das Einzelverkaufsmodell (EST) bzw. das Einzelverleihmodell (TVoD). Während TVoD von 2016 auf 2017 um 22 Mio. EUR und EST um 35 Mio. EUR wuchs, sind die Umsatzzahlen der SVoD-Anbieter geradezu explodiert und zwischen 2016 und 2017 um rund 200 Mio. EURo gewachsen. Das Ergebnis ist nicht nur ein Gesamtwachstum der Pay-VoD-Dienste, sondern auch eine klare Verschiebung in den Marktanteilen von TVoD auf SVoD-Dienste von 2015 bis 2017.

Die moderaten Gewinne bei TVoD und EST (non-physisches Home

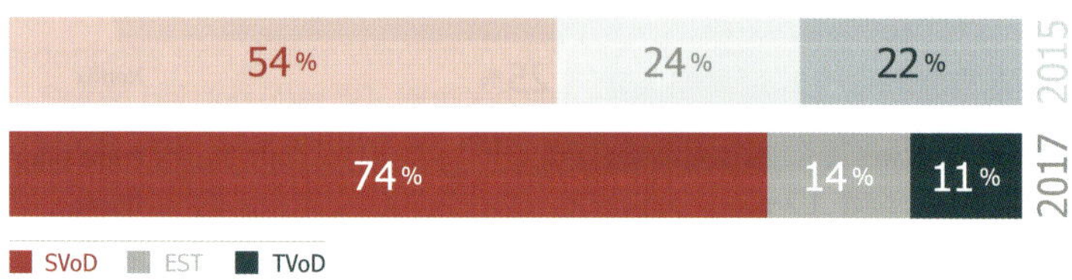

Abbildung 79: Marktanteile der Pay-VoD-Geschäftsmodelle (2015 und 2017, Umsätze in %) *Quelle: Goldmedia 2016; Goldmedia 2018b.*

Video) kann dabei die deutlichen Verluste bei DVD/Blu-ray-Verkäufe (physisches Home Video) nicht ersetzen. Aus Produzentensicht hat diese Veränderung zur Folge, dass Home-Video-Rechte weniger wert sind und die damit verbundenen Modelle der Beteiligung an Verkaufserlösen weniger relevant werden.

K.III. Erfolg im Pay-VoD-Segment

Rund 15 Mio. Abonnements gibt es nach den VoD-Ratings von Goldmedia[59] Ende Juni 2018 für SVoD-Dienste wie Netflix oder Maxdome. Da Accounts aber häufig geteilt werden – im Schnitt kommen auf jedes VoD-Abonnement zwei Nutzer (Goldmedia Custom Research: @6) – liegt die tatsächliche Gesamtzahl der Nutzer weitaus höher bei fast 30 Mio. Nutzern und damit schon mehr als einem Drittel der deutschen Bevölkerung.

59 Mit den Goldmedia-VoD-Ratings werden seit Januar 2017 Zuschauerzahlen für den deutschen Pay-VoD-Markt ermittelt. Methodisch fußt die Erhebung auf einer rollierenden Online-Befragung mit 60.000 Befragten pro Jahr. Dadurch existiert erstmals ein Analysetool für die Erhebung von Zuschauerzahlen kostenpflichtiger VoD-Angebote in Deutschland. Erfasst werden die Zuschauerzahlen als „Day-after-Recall" (Goldmedia Custom Resarch @6).

Die durchschnittliche Nutzung eines SVoD-Dienstes (Netflix,) pro Tag liegt bei 72 Minuten. Verglichen mit dem klassischen, linearen Fernsehen sind auch die Reichweiten einzelner Produktionen noch vergleichsweise gering. Inhaltlich werden vor allem Serien nachgefragt.

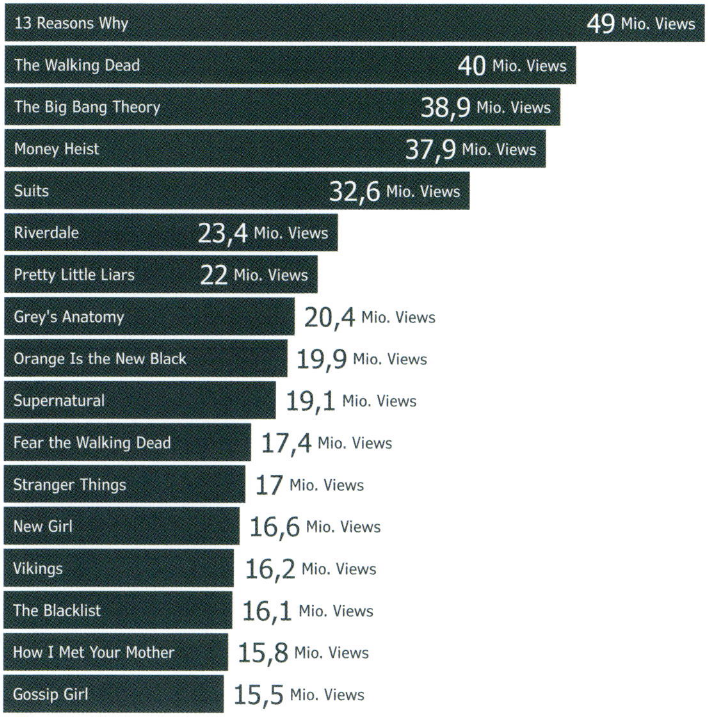

Abbildung 80: Meistgesehene Serien auf Pay-VoD-Plattformen in Deutschland (Q2/2018[60])
Quelle: Goldmedia 2018d, Zuschauer nach eigener Angabe auf die Frage: „Welchen Titel haben Sie gestern auf einer VoD-Plattform gesehen?“

Interessant ist der Blick auf die Frage, welche Serien die Zuschauer auf VoD-Plattformen gerne sehen:

Differenziert man nach Amazon und Netflix, dann zeigt sich, dass bei Amazon eine deutsche Produktion – *Pastewka* – den dritten Platz nach *The Big Bang Theory* und *Vikings* erreicht.

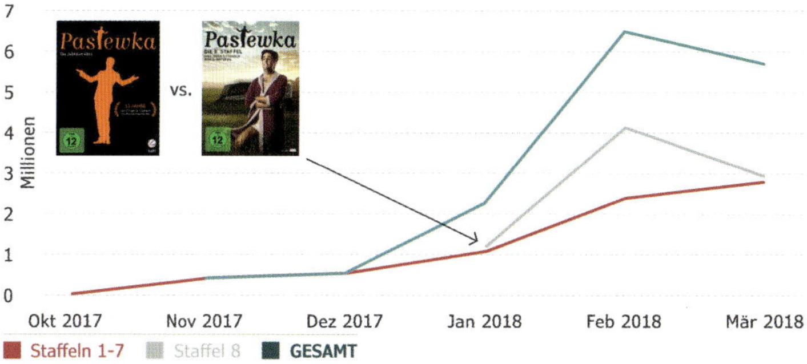

Abbildung 81: Entwicklung der Abrufzahlen nach Staffelstart der neuesten 8. Staffel der Serie *Pastewka* mit vorherigen Staffeln
Quelle: Goldmedia 2018e.

60 Views bedeutet gesehene Inhalte nach eigener Aussage der Befragten, dabei kann aber ein Zuschauer mehrere Inhalte (bspw. mehrere Episoden einer Serie) gesehen haben. Aus diesem Grund ist eine Übersetzung in Tagesreichweite nicht ohne weiteres möglich.

Die 8. Staffel der Serie *Pastewka* ist seit dem 26.01.2018 exklusiv bei Amazon verfügbar. Der Staffelstart kam auch den alten Staffeln (1 bis 7) zugute.

In der Startwoche lief die Serie sehr gut an und konnte das beste Startwochenende einer Comedyserie bei Amazon Prime Video in Deutschland seit Beginn der VoD-Ratings-Marktbeobachtung für sich verbuchen. Alle zehn Folgen der Staffel wurden gleichzeitig bereitgestellt. Die obige Grafik zeigt, wie die Bereitstellung von neuen Inhalten auch die bereits vorhandenen Inhalte beeinflusst. So kommen die wieder stärker nachgefragten alten Staffeln 1 bis 7 zusammen auf fast die gleichen Zuschauerzahlen wie die neue 8. Staffel. Im Gegensatz zu einer Fernsehverbreitung hat das Publikumsinteresse auf Streaming-Plattformen eine eigene Dynamik. Dies liegt an der vergleichsweise langen Verfügbarkeit von Serien auf der Plattform und der damit möglichen zeitunabhängigen Nutzung über einen längeren Zeitraum hinweg.

Anders als im Free-TV spielen Zuschauerreichweiten beim SVoD keine zentrale Rolle und sind nur ein Indikator von vielen. Denn ein SVoD-Anbieter interessiert sich dafür, Abonnenten zu gewinnen und zu halten. Eine Produktion erfüllt nicht notwendigerweise beide Ziele. Eine Serie könnte besonders geeignet sein, neue Kunden zu generieren, z.B. eine Serie, die in der Öffentlichkeit besonders prominent diskutiert wird. Andere Serien, z.B. Kinderanimationsserien, könnten bei Familien mit Kindern dazu beitragen, dass ein bestehendes Abo nicht gekündigt wird.

Ein Anbieter wie Netflix kann diese und viele weitere Fragen sehr genau beantworten (Patel 2018; McAlone 2016; Jain 2016; Simon 2014; Deoras 2017), z.B.:

- Wann wird die Pause-, die Fast Forward- oder die Aus-Taste gedrückt?
- Welche Serien werden angefangen, welche werden auch zu Ende geschaut?
- Wird eine Serie eher regelmäßig geschaut oder in ganzen Staffeln „gebingt“?
- Welche der beiden o.g. Verhaltensweisen korreliert stärker mit der Entscheidung, die nächste Staffel zu schauen?
- An welchem Tag und zu welcher Tageszeit wird welches Programm geschaut?
- Auf welchem Gerät?
- Haben hohe Reichweiten bzw. Views einen Zusammenhang mit der Entscheidung, weitere Staffeln zu schauen?
- Nach welchen Titeln wird gesucht? usw.

All diese Daten werden verbunden mit den beiden zentralen Fragen: Welche Serie hat den Ausschlag gegeben, sich das Abo anzuschaffen und aus welchen Gründen wird das Abo gekündigt? Netflix kann beispielsweise anhand derartiger Daten wissen, wieviel ein Abonnent pro Monat an Inhalten konsumieren muss, damit die Chance einer Kündigung gering ist. Eine Serie, die ein Kunde in einem Monat ausschließlich schaut und die damit alleiniger Grund zu sein scheint, dass dieser Kunde das Abo nicht kündigt, bewertet Netflix im Rahmen ihres „valued hours“-Konzepts höher als eine Serie, die neben vielen anderen geschaut wird (Jain 2016). Auf diese Weise können Serien, die keine großen Zuschauerreichweiten aufweisen, dennoch aus Plattformsicht sehr erfolgreich sein.

K.IV. Marktanteile im Pay-VoD-Markt

Erhebt man die Marktanteile der Pay-VoD-Angebote in Deutschland nach der Zahl der Nutzer mit Zugang zur Plattform[61], so ist Amazon mit einem Marktanteil von 27 % Marktführer, während Netflix (22 %) auf Rang zwei landet. Zusammen decken beide Dienste somit rund die Hälfte des kostenpflichtigen Streaming-Marktes ab. Den dritten Platz belegt Sky (Sky Go und Sky Ticket) mit insgesamt 11 % der Befragten (vgl. Abbildung 82).[62]

Daneben treffen auch kleinere Anbieter wie Pantaflix, alleskino, realeyz, Kividoo oder das Klassikportal myfidelio auf zahlungsbereite Kunden, indem sie Nischensegmente mit ausgewählten Inhalten bedienen. Interessant ist auch die Erkenntnis, dass TVoD-Angebote vom SVoD-Angebot profitieren können, wenn, wie bei Amazon, die Möglichkeit besteht, mit zwei Klicks vom SVoD- in den TVoD-Bereich zu wechseln und z.B. die auf SVoD noch nicht vorhandene weitere Staffel einer Serie gegen Einzelentgelt zu streamen oder herunterzuladen.

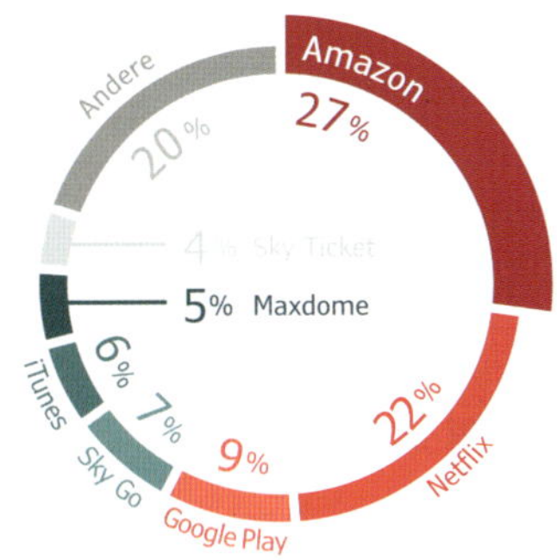

Abbildung 82: Marktanteile der Pay-VoD-Anbieter in Deutschland nach Access (Q2/2018)
Quelle: Goldmedia 2018d. Anmerkung: Pay-VoD-Marktanteil beinhaltet TVoD, EST und SVoD.

Der SVoD-Markt ist hauptsächlich auf Amazon und Netflix verteilt, die zusammen rund zwei Drittel des Marktes (nach Abonnements) abdecken. Die beiden Sky-Dienste erreichen gemeinsam rund 18 %, sodass die drei größten Anbieter insgesamt mehr als 80 % des SVoD-Marktes bedienen.

K.V. Investitionen der VoD-Anbieter im Vergleich

Alle neuen VoD-Anbieter, egal ob sie Bezahlangebote bereitstellen oder werbefinanziert sind, investieren in eigenen Content, der allerdings nicht notwendigerweise auf fiktionale oder dokumentarische Inhalte beschränkt sein muss. So bietet Hulu American Football an, Amazon kauft Fußballrechte, Facebook hat E-Sports für sich entdeckt und Netflix verhandelt mit der Formel1. Im Wesentlichen wird von SVoD-Anbietern investiert, kaum von TVoD-Anbietern. Die Größenordnung des Investments von Netflix, im Jahr 2018 rund 7,6 Mrd. USD, liegt bereits in Höhe der sogenannten „Majors". Allein die Top-4-Anbieter in den USA (Netflix, Amazon, Hulu und Apple) planen Investitionen in neue Streaming-Inhalte in Höhe von 16 Mrd. USD für das Jahr 2018.

Angesichts der Wachstumsraten ist es kein Wunder, dass weitere marktstarke Player in den SVoD-Markt drängen. So wird z.B. Disney

61 Personen, die technischen Zugang zur Plattform haben und diese zumindest auch gelegentlich Nutzen (Access)

62 Goldmedia Custom Research: @6. Da die Anbieter selbst kaum Auskunft über Markt- und Nutzerzahlen geben, ist eine Analyse des VoD-Marktes nur mit Hilfe umfangreicher Primärforschung möglich. Dafür werden von Goldmedia in einer rollierenden Befragung jährlich rund 60 Tsd. Nutzer kontinuierlich befragt.

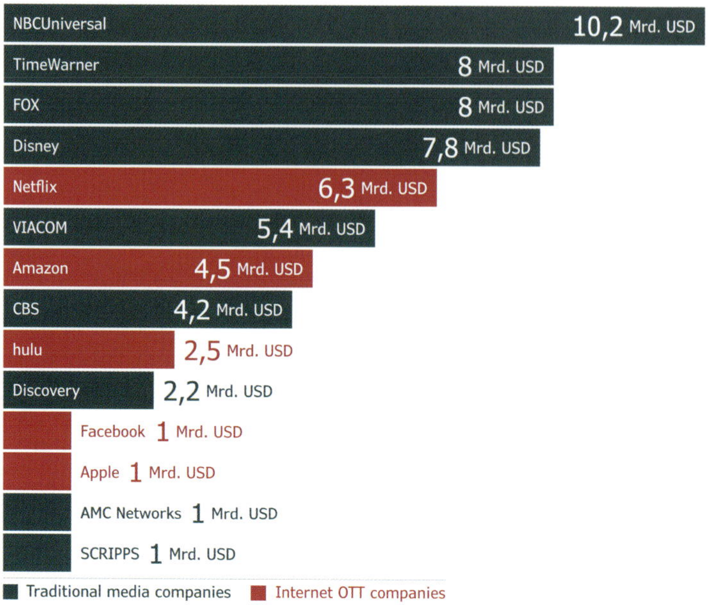

Abbildung 83: Investitionen in Video-Content (ohne Sport), USA (2017)
Quelle: Hegedus 2018.

21st Century Fox übernehmen, u.a. mit dem erklärten Ziel, im Jahr 2019 mit eigenen Inhalten einen globalen SVoD-Dienst anzubieten.

K.VI. Bedeutung des SVoD-Marktes für deutsche Produzenten

Von diesem Investitionsvolumen profitieren auch die deutschen Produzenten audiovisuellen Contents. Produktionen wie *Dark*, *You Are Wanted*, *Der Lack ist ab*, *Dogs of Berlin* oder *Die Welle* sind in aller Munde. Erst kürzlich hat Netflix fünf weitere neue Produktionen aus Deutschland angekündigt (Lückerath 2018). Von den Produzenten und den am Projekt beteiligten Kreativen wird ein Auftrag von Netflix oder Amazon nicht nur als besondere Ehre angesehen, sondern auch als seltene Chance, einem weltweiten Publikum bekannt zu werden.

Im Verhältnis zu den Produzenten bedienen sich die VoD-Plattformen mehrerer Geschäftsmodelle: der klassischen, echt vollfinanzierten Auftragsproduktion, die Ko-Finanzierung, bei der der Pay-VoD-Anbieter nur einen Teil der Finanzierung einer Produktion trägt, sowie dem Lizenzkauf, bei dem es um Produktionen geht, die bereits produziert, i.d.R. im Free-TV erstausgestrahlt worden sind und im Pay-VoD-Bereich quasi nur noch zweitverwertet werden wie die Staffeln 1 bis 7 von Pastewka.

Rechnet man die Angaben unserer Studienteilnehmer auf den Markt hoch, wurden 2017 mit SVoD-Anbietern Umsätze in Höhe von etwa 150 Mio. EUR[63] erzielt. In Relation zu den 2017 erzielten Gesamtumsätzen der Kino- und TV-Produzenten in Höhe von 3,14 Mrd. EUR, sind die VoD-Umsätze überschaubar. Sollten also die Umsätze mit den linearen

63 Der reine Produktionsumsatz fällt geringer aus, da von den 150 Mio. EUR die Lizenzumsätze, z.B. der WDR Media Group, abzuziehen sind.

Anbietern irgendwann einbrechen, würden sie von den VoD-Anbietern selbst dann nicht aufgefangen, wenn ihre Anzahl und/oder ihr Output an deutschen Produktionen wachsen sollten. Denn der Programmbedarf eines Free-TV-Senders, der im Durchschnitt acht bis zehn Stunden originäres Programm an 365 Tagen im Jahr braucht, ist strukturell höher als der eines SVoD-Anbieters, selbst wenn in der Spitze 80 Serien pro Jahr produziert werden, wie für 2018 bei Netflix geplant.

Andererseits aber sind die 150 Mio. EUR in mehrfacher Hinsicht als sehr hoch einzuschätzen. Denn die Umsätze im Bereich von TV-Produktionen sind in den letzten sechs Jahren in der Regel gar nicht oder nur um 2 bis 3 % gestiegen (vgl. Kapitel Gesamtumsatz der Filmproduktionsunternehmen). Dies gilt umso mehr, wenn der Umsatz im Wesentlichen in nur einem Teilsegment des Produktionsmarktes stattfindet: dem der hochwertigen Fiction-Programme. TV-Sender bestreiten ihr Programm mit einem Genre-Mix, in dem neben Fiktion auch andere Genres mit deutlich niedrigeren Minutenpreisen wie Factual Entertainment, Show, Dokumentation, Nachrichten, Magazine usw. bedient werden. Und selbst im Fiction-Segment gibt es große Unterschiede zwischen einer Daily Soap wie *Gute Zeiten, schlechte Zeiten*, einer Weekly wie *Rosenheim Cops*, einer Reihe wie *Tatort* oder einem Event- oder Premium-Programm wie *Deutschland 83*. Das Umsatzvolumen mit hochwertiger Fiction (Minutenpreise über 15.000 EUR) ist deutlich geringer als 2,1 Mrd. EUR und wird von uns auf rund 400 Mio. EUR geschätzt. Im Verhältnis betragen die 150 Mio. EUR in etwa ein Drittel. Dies erklärt, warum wir in vielen Expertengesprächen die Information erhielten, dass es in Deutschland 2018 eine Knappheit z.B. an herausragenden Drehbuchautoren gäbe.

Der Boom bei hochwertiger Fiction begann nach unseren Informationen gegen Ende 2017 auf dem Markt spürbare Folgewirkungen zu zeigen. Zunächst führte die verstärkte Nachfrage in diesem Segment zu erhöhten Preisen, nicht nur bei Drehbuchautoren, sondern auch im Bereich von Szenenbild, Kamera, Filmschnitt und anderen Head of Departments, die sehr nachgefragt waren. Allerdings gab es auch Ausnahmen. Bei Schauspielern beispielsweise wurden die Gagen teilweise auch geringer. Denn die SVoD-Anbieter rechneten in ihren Verhandlungen mit den Produzenten und den Talent-Agenturen damit, dass der Wunsch, für sie zu arbeiten, groß genug sein würde, um geringere Gagen, als für diese Kreativen sonst üblich, zu akzeptieren.

Die weitere Folge war, dass 2018 in vielen Bereichen der High-End-Fiction die Preise stiegen, ohne dass die anderen Nachfrager, die deut-

Bild 23: *Rhizomat VR* (2017), INVR. SPACE in Koproduktion mit Berliner Festspiele/Immersion und ZDF/arte

schen TV-Sender, dies in ihren Kalkulationen schon eingepreist haben. Die Produzenten hochwertiger Fiction in Deutschland bewerten die Entwicklung deshalb mit einem lachenden und weinenden Auge. Zum einen freuen sie sich über substanzielle Zusatzeinnahmen und zum Teil auch über sehr viel größere künstlerische Freiheit (vgl. Kapitel Produktionsunternehmen im engeren und weiteren Sinne), zum anderen aber sehen sie die Preisentwicklung mit Sorge.

K.VII. Zukünftige Entwicklung der Nachfrage auf dem deutschen Pay-VoD-Markt

Die Entwicklungsperspektiven für deutsche Produzenten auf dem Pay-VoD-Markt in Deutschland sind gut. Zwar stammt die Mehrheit der in Deutschland beliebten Titel aus den USA: 54 % der im ersten Quartal 2018 auf VoD-Plattformen[64] meistgesehenen Titel (Top 1.000) wurde von US-amerikanischen Unternehmen produziert. Jedoch belegt das Produktionsland Deutschland (12,5 %) noch vor UK (9,9 %) Platz zwei. (vgl. Abbildung 83). Diese Entwicklung wird durch die neue Quotenregelung in Artikel 15 der AVMD-Richtlinie, die für VoD-Plattformen 30 % festlegt, unterstützt.

Auch nach Ansicht aller Experten, mit denen wir gesprochen haben, werden sich der Anteil der deutschen Programme im Pay-VoD-Angebot

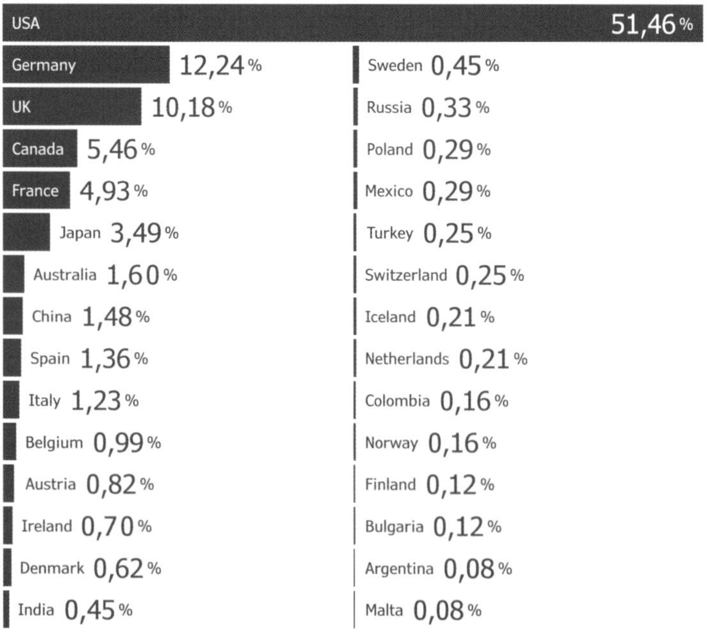

Abbildung 84: Produktionsländer aller geschauten Titel in den Katalogen deutscher VoD-Plattformen (Q2/2018) *Quelle: Goldmedia 2018d.*

64 Analysierte Plattformen: Amazon, Netflix, Maxdome, SkyGo & Sky Ticket, iTunes, Microsoft Store, PlayStation Video, Google Play, Rakuten TV, Unity Media, realeyz.tv, alleskino, VODafone TV, Videocity, Chili, MUBI, Flimmit, Pantaflix, DAZN, Eurosport Player (VoD-Ratings Germany).

Bild 24: *Wilsberg*, Warner Bros. International Television Production Deutschland / ZDF, Foto: Thomas Kost

und das dahinter liegende Produktionsvolumen noch einmal vergrößern. Wir rechnen mit einer Steigerung des Volumens im Jahr 2018 auf rund 200 Mio. EUR. Dabei muss man sich klar machen, dass eine Netflix-Serie (Fiction) pro Folge zwischen 1,3 Mio. und 3,5 Mio. EUR kostet, sodass allein eine Staffel ein Investment von 13 bis 35 Mio. EUR bedeutet. Die Netflix-Serie *The Crown* bringt es sogar auf stattliche 100 Mio. GBP pro Staffel (Telegraph Reporters 2016). Das Wachstum geht im Übrigen nicht nur direkt von Netflix und Amazon aus, sondern auch indirekt, indem nunmehr auch Sky und die Free-TV-Sender im Konkurrenzkampf mit den Streaming-Diensten stärker in eigenes Premiumprogramm investieren (wollen).[65]

Überdies investierten 2017 alle großen Streaming-Dienste in Deutschland in umfangreiche Marketingkampagnen, um ihre deutschen Eigenproduktionen zu bewerben – so beispielsweise bei den Serien *You Are Wanted* (Amazon), *Dark* (Netflix), *Jerks* (Maxdome) und *Babylon Berlin* (Sky und ARD). Offenbar trauen die Pay-VoD-Anbieter deutschen Produktionen zu, neue Kunden zu generieren. Die Wachstumsprognose insbesondere für den Bereich deutscher Fiction-Produktion ist also für die nächsten Jahre positiv. Allerdings wird der Zeitpunkt kommen, in dem sich eine weitere De-Linearisierung auf die Einnahmen der linaeren

65 Vgl. hierzu z.B.: Christine Strobl im Interview mit dpa: „Meine feste Überzeugung ist, wenn wir international konkurrenzfähig sein wollen, müssen wir solche Partnerschaften mit unterschiedlichen Playern, der Förderung, mit dem Weltvertrieb, aber auch mit Pay-TV-Anbietern eingehen" (...) Wir müssen uns dieser Erzählweise [von *Babylon Berlin*] öffnen, weil wir in Deutschland ja nicht auf einer Insel leben, die keinen Funkkontakt zur Außenwelt hat. Vor allem jüngere Leute sehen Netflix oder Amazon in Originalsprache und vergleichen sie mit unserem Angebot, und wenn wir moderne Erzählformen nicht selbst interpretieren, verlieren wir einen Teil unserer Zuschauer." (Sagatz 2017); Anke Schäferkordt im Interview mit Kai-Hinrich-Renner (06.07.2018): „(...) wir investieren massiv in den Ausbau der Eigenproduktionen unserer Sender, die genreabhängig zuerst bei TV Now laufen werden. (...) Darüber hinaus investieren wir in Inhalte, die es gar nicht im klassischen Fernsehen geben wird. Das sind zum einen reine Online-Inhalte, die wir im deutschen und internationalen Lizenzmarkt erwerben und zum anderen Eigenproduktionen speziell für TV Now, die das Image und die Strahlkraft des Angebots stärken werden. (...)" (Renner 2018); ProSiebenSat.1-Aufsichtsratschef Werner Brandt (15.05.2018): „Wir setzen wieder mehr auf lokale Programme und werden hier unsere Investitionen erhöhen." (Schwegler 2018).

Free-TV-Sender in einer Dimension auswirken wird, die keine Programminvestitionen in der jetzigen Höhe mehr zulässt. Insoweit kann sich das derzeitige von Wachstum und Dynamik geprägte Bild mittelfristig durchaus eintrüben.

Mit Bezug auf die kreative Freiheit von Urhebern und Produzenten wurden die SVoD-Anbieter dem Redakteursfernsehen als Vorbild hingestellt. Netflix und Amazon wollten innovatives, mutiges Programm und waren selbst zu kreativen Exemperimenten bereit. Insbesondere in der Anfangsphase in den Jahren 2015 bis 2017 wurde wenig oder kein Einfluss auf Drehbücher genommen. Angesichts der dünnen Personaldecke wäre dies auch für die Streaming-Dienste damals nicht leistbar gewesen. Mittlerweile aber stellen sowohl Amazon als auch Netflix in großem Umfang Personal ein, darunter auch Redakteure und Produktionsleiter. Es erscheint deshalb möglich, dass die große kreative Freiheit und das große Vertrauen in Produktionsunternehmen künftig abnehmen wird und sich die hinzugewonnenen Redakteure künftig genauso einbringen werden wie bisher im klassischen Free-TV. Bleiben wird allerdings ein struktureller, oben bereits beschriebener Unterschied: Während das Free-TV den größten allgemeinen Nenner und möglichst große Zuschauerreichweite anstrebt, werden Pay-VoD-Anbieter auch in Zukunft kleinere und spitzere Zielgruppen im Blick haben, um auch diese als Abonnenten zu gewinnen und zu halten.

Eine Sorge der Produktionsunternehmen weltweit ist das bevorzugte Geschäftsmodell der großen SVoD-Plattformen. Wie die TV-Sender praktizieren sie bei vollfinanzierten Auftragsproduktionen einen sogenannten Total-Buy-Out. D.h., sie erwerben für einen Festpreis sämtliche Rechte am Film für eine unbegrenzte Lizenzzeit und für eine Nutzung weltweit in allen Nutzungsarten. Anders als filmbezogene Einzeltransaktionen bei TVoD, DVD-Verkäufen oder Kinotickets ist eine Beteiligung an den filmbezogenen Einnahmen nicht möglich. Selbst ein reichweitenabhängiger Bonus, wie bei kommerziellen Free-TV-Sendern nicht unüblich, oder eine Nettoerlösbeteiligung, wie bei öffentlich-rechtlichen Sendern, findet bei den Streamern nicht statt und wird es wahrscheinlich auch in Zukunft nicht geben. Denn Reichweiten sind für die „Abonnements gewinnen und halten"-Orientierung weniger relevant und Auslandsverkäufe gibt es nicht, wenn der Dienst weltweit aktiv ist. Ein bei vollfinanzierten Auftragsproduktionen mit Total-Buy-Out von Netflix oder Amazon gelegentlich praktizierter Mark-up von 17 % oder 20 % wäre allerdings höher als die in Deutschland überliche HU-&-Gewinn-Pauschale. Es bleibt abzuwarten, ob die ebenfalls von Netflix oder Amazon Prime in der Vergangenheit genutzten Finanzierungsmodelle einer teilfinanzierten Auftragsproduktion, einer Koproduktion oder eines Lizenzkaufs, bei denen Risiken aber auch Gewinnchancen für den Produzenten höher sind, auch in Zukunft praktiziert werden. Auch eine Mischfinanzierung, wie bei *Babylon Berlin*, bei der Pay- und Free-TV-Sender anteilig mitfinanziert haben, wäre denkbar. Allerdings ist die Konkurrenz zwischen Streamern einerseits und Free/Pay-TV-Sendern andererseits größer, weil die linearen Sender ihre Programme immer stärker auch non-linear werden anbieten müssen.

Kleinere deutsche Produktionsunternehmen könnten befürchten, dass sie bei großen fiktionalen Serienprojekten weniger zum Zuge kommen als ihre umsatzstärkere Konkurrenz vor allem aus den USA. Betrachtet man beispielhaft die auf Amazon vorhandenen Titel nach Produktionsunternehmen bzw. Lizenzgeber, dann zeigt sich, dass es vor allem die großen US-Produktionsunternehmen sind, deren Programme im Angebot sind. Das erstgenannte deutsche Unternehmen ZDF Enterprises konnte ein größeres Paket an Lizenzen an Amazon verkaufen.

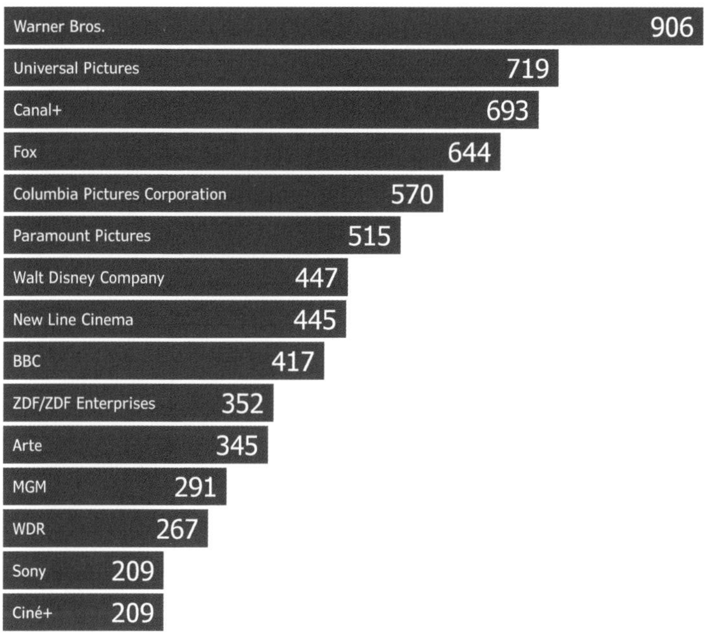

Abbildung 85: Anzahl der bei Amazon in Deutschland erhältlichen Titel nach Produktionsunternehmen bzw. Lizenzgeber (Top 15, 10/2018)
Quelle: Goldmedia VoD-Ratings.

Sowohl Amazon als auch Netflix arbeiten in Deutschland derzeit eher mit großen, erfolgreichen und etablierten Produktionsunternehmen zusammen. Lediglich im Bereich der Dokumentation werden auch kleine Unternehmen als Auftragnehmer oder Lizenzgeber akzeptiert. Ihre Auftragsvergabepraxis unterscheidet sich damit von der eines deutschen TV-Senders wie ZDF oder Degeto (für die ARD), bei denen mehr als die Hälfte der Produktionsaufträge an Unternehmen mit weniger als 25 Mio. EUR Umsatz gehen. Solange Serien den zentralen Teil des Auftragsvolumens ausmachen, werden auch in Zukunft eher die größeren Player vom „Streaming-Boom" profitieren.

Produzentenstudie 2018

L. STANDORTBEWERTUNG

L. STANDORTBEWERTUNG

Oliver Castendyk

In Deutschland herrscht auch im Bereich der Film- und Fernsehproduktionsbranche ein intensiver Standortwettbewerb. Geführt wird er u.a. mit gezielter Ansiedlungspolitik, Film- und TV-Produktionsförderung, Aus- und Fortbildungsangeboten. Die zentralen Filmstandorte in Deutschland sind (in alphabetischer Reihenfolge) Berlin, Hamburg, Köln und München. Dabei geht es um städtische Großräume, die zum Teil länderübergreifend sind. D.h., zu Berlin zählt Potsdam, zu Hamburg z.B. Norderstedt, zu Köln die Rheinschiene bis Düsseldorf und zu München das Umland. Aber auch kleinere Filmproduktionsregionen sind aktiv, insbesondere Stuttgart, Hannover, Leipzig und Erfurt, aber auch der Großraum Frankfurt a.M., Mainz und Wiesbaden.

Entsprechend groß ist das Interesse der Länder, sich im Wettbewerb richtig einzuordnen und ihre Position in der Rangfolge einzuschätzen. Dabei wurden von den in den letzten Jahren dazu veröffentlichten Studien[66] verschiedene Kriterien verwendet: Produktionsminuten, Mitarbeiter oder die Bewertung des Standorts durch die Branchenteilnehmer. So hat die Beratungsgesellschaft Ernst & Young 2014 Berlin und Brandenburg als Filmstandort Nr. 1 gesehen, der mit 3.800 Kino-Produktionsminuten weit vor den anderen Bundesländern liege (Medienboard Berlin-Brandenburg 2014). Es gebe hochqualifiziertes Personal, eine sehr gute technische Infrastruktur und mit Studio Babelsberg einen der größten Studiokomplexe Europas. „Potenzial" sah die Studie dagegen noch in der Fernsehwirtschaft – hier rangiere Berlin-Brandenburg bei den produzierten Minuten hinter Bayern, Nordrhein-Westfalen und Hamburg/Schleswig-Holstein. Hier wurde die Rangeinordnung also nach Produktionsminuten vorgenommen.

Bild 25: *Nord bei Nordwest: Frau Irmler* (2019), Aspekt Telefilm / NDR, Foto: Gordon A. Timpen

66 Vgl. z.B. Medienboard Berlin-Brandenburg 2014, Film und Medienstiftung NRW 2017, Medienboard Berlin-Brandenburg 2018.

L.I. Produktionsvolumen

Betrachtet man die produzierten Minuten aus der FORMATT-Studie 2015/16[67] (FORMATT-Institut 2018) dann sind die vier Produktionsstandorte Berlin, Hamburg, Köln (bzw. Nordrhein-Westfalen) und München (bzw. Bayern) die größten in Deutschland. In Berlin werden die meisten Kinofilme produziert, der Kölner Raum liegt bei den TV-Programmen vorn.

Tabelle 10: Produktionsvolumen Kino und TV nach Sitzland des Produktionsunternehmens (2016, in Minuten)
Quelle: FORMATT-Institut 2018: 68, 138.

	Bayern	Berlin[68]	NRW	Hamburg
Kinofilmproduktion (gesamt)	4.326	7.653	4.000	2.111
TV-Produktion (gesamt)	183.573	66.404	313.435	75.922
davon TV-Fiction	41.275	10.608	20.592	6.145
davon TV-Entertainment	71.881	16.156	209.105	31.446
davon TV-Info	62.986	39.502	46.103	25.827

Dies liegt vor allem daran, dass in Köln am meisten TV-Entertainment hergestellt wird. Diese oft seriell hergestellten Formate werden in großen Mengen produziert, weil sie dazu dienen, große Programmflächen auch im Tagesprogramm (Daytime) zu füllen. Standortrelevanter sind deshalb Umsatzzahlen und Mitarbeiterzahlen. Denn sie sind Indikator für das mit dem Produktionsvolumen verbundene potenzielle Steueraufkommen.

Basierend auf einer groben Schätzung zeigt sich in Bezug auf das Produktionsvolumen in Euro, dass Nordrhein-Westfalen wahrscheinlich der umsatzstärkste Filmstandort ist, gefolgt von Bayern.

Tabelle 11: Kino- und TV-Produktionsvolumen nach Sitzland des Produktionsunternehmens (2017, in Mio. EUR)
Quelle: Schätzung der HMS.

Genre	Bayern	Berlin/Potsdam	NRW	Hamburg
Kinofilmproduktion	120	230	100	55
TV-Produktion	760	430	850	280
GESAMT	**~ 880**	**~ 660**	**~ 950**	**~ 335**

Wohlbemerkt gibt diese Aufstellung nicht exakt die Umsätze wieder, die in den jeweiligen Bundesländern tatsächlich erzielt werden, sondern grobe Annäherungswerte, um Größenordnungen bei der Verteilung einschätzen zu können.

L.II. Beschäftigte

Vergleicht man die räumliche Verteilung der am 30.06.2017 im Bereich der Film- und Fernsehproduktion (Wirtschaftszweig 59.11) Beschäftig-

67 Hier wird nach Produktionsstandort, d.h. nach dem Sitz des Produktionsunternehmens eingeordnet und nicht nach Drehort. Differenziert man nach Drehort, liegen die sonstigen Länder (Bundesländer ohne Berlin, Brandenburg, Hamburg, Schleswig-Holstein, NRW und Bayern) in der Summe sogar noch vor NRW (vgl. FORMATT-Institut 2018: 70).

68 Es ist davon auszugehen, dass das FORMATT Institut das Produktionsvolumen für Berlin ohne Brandenburg – hier wäre insbesondere Potsdam/Babelsberg relevant – ausweist. Wir vermuten, dass das Produktionsvolumen der UFA Fiction und der UFA Serial Drama (zusammen 23.760 Minuten) und anderer TV- und Kinoproduktionsunternehmen, die in Brandenburg ansässig sind, unter „sonstige Länder" fällt. Eindeutige methodische Hinweise dazu finden sich allerdings nicht in der FORMATT-Studie.

ten, so liegt Nordrhein-Westfalen (7.037) mit einem Vorsprung von über 1.500 Mitarbeitern vor Bayern (5.496). Es folgen Berlin (3.794) und Hamburg (2.143) mit jeweils deutlichem Abstand zu ihren Vorgängern.

Bundesland	Beschäftigte
Nordrhein-Westfalen	7.037
Bayern	5.496
Berlin	3.794
Hamburg	2.143
Baden-Württemberg	1.166
Brandenburg	816
Hessen	720
Sachsen	605
Niedersachsen	534
Rheinland-Pfalz	384
Thüringen	329
Schleswig-Holstein	265
Sachsen-Anhalt	201
Saarland	103
Mecklenburg-Vorpommern	86
Bremen	52
GESAMT	**23.731**

Tabelle 12: Anzahl der sozialversicherungspflichtig Beschäftigten (inkl. Auszubildende) in WZ 59.11 nach Bundesländern (2017)
Quelle: Bundesagentur für Arbeit (Sonderauswertung für den Stichtag 30.06.2017).

Im internationalen Vergleich zu anderen Märkten zeichnet sich Deutschland vor allen Dingen dadurch aus, dass es hier nicht nur einen, sondern mehrere große Produktionsstandorte gibt. Betrachtet man z.B. den britischen Markt, so ist London ganz klar das Epizentrum. Etwa 57 % der Beschäftigten in der Filmproduktion sind in London und seiner Umgebung tätig; die verbleibenden rund 43 % verteilen sich auf das gesamte restliche Königreich (BFI 2017b: 259). Eine noch stärkere Konzentration auf die Landeshauptstadt und ihre Umgebung weist Frankreich auf: 90 % der in der Film- und Fernsehproduktion Beschäftigten sind in der Region Île-de-France angestellt, lediglich 10 % in den anderen Regionen Frankreichs (Audiens 2017: 16). Zum Vergleich: in Deutschland sind knapp 30 % der Beschäftigten in Nordrhein-Westfalen, 23 % in Bayern, 16 % in Berlin und 9 % in Hamburg angesiedelt und damit deutlich breiter verteilt.

L.III. Bewertung der Filmregionen durch die Branchenteilnehmer

In der Branchenbefragung wurden die Produktionsunternehmen gebeten, ihren aktuellen Standort zu bewerten. Viele der Kriterien wurden bereits in einer Studie im Jahr 2000 für die beliebtesten Produktionsstandorte Deutschlands – Berlin, München, Köln und Hamburg – erhoben (DIW 2002). Damals war München der mit Abstand beliebteste Standort der Produzenten. Berlin war hingegen an Stelle vier. Hamburg und Köln teilten sich Platz zwei. In der *Produzentenstudie 2012* lagen München und Berlin in der Gesamtwertung gleichauf an der Spitze. Doch ist es bei dieser Wertung geblieben?

L.III.1. Bedeutung der einzelnen Standortfaktoren

Zunächst ist wichtig, die abgefragten Kriterien nach ihrer Bedeutung, sprich nach ihrer Wichtigkeit für die Brachenteilnehmer zu klassifizieren. Denn nicht jeder Standortfaktor ist gleich bedeutend für die Produzenten. Mit einem Durchschnittswert von 4,6 auf unserer Skala[69] liegt die Personalverfügbarkeit ganz vorne im Ranking. Am unwichtigsten scheint den Produktionsunternehmen die Existenz Ihresgleichen zu sein.

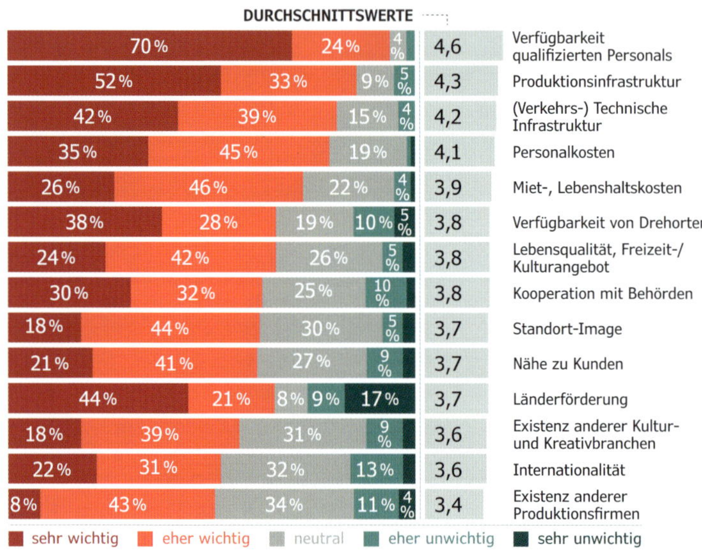

Abbildung 86: Bedeutung der Standortfaktoren für den jeweiligen Unternehmensstandort (2018)
Quelle: Branchenumfrage der HMS. Frage: „Nachfolgend möchten wir von Ihnen erfahren, (…) welche Bedeutung für Ihr Unternehmen Sie den einzelnen Faktoren beimessen."

Vergleicht man das aktuelle Ranking mit den Platzierungen aus 2012, so hat sich an der Reihenfolge hinsichtlich der vier wichtigsten Indikatoren für eine Standortbewertung nichts geändert. Nach wie vor führen die Verfügbarkeit qualifizierten Personals, die Produktionsinfrastruktur, die (verkehrs-) technische Infrastruktur[70] sowie die Personal-, Miet- und Lebenshaltungskosten[71] die Rangliste an.

Tabelle 13: Bedeutung der vier wichtigsten Standortfaktoren für den jeweiligen Unternehmensstandort (2018 und 2012)
*Quelle: Branchenumfrage der HMS. Anmerkung: *Durchschnittswert aus Personalkosten (4,1) und Miet-/ Lebenshaltungskosten (3,9).*

Standortfaktoren	Bewertung 2018	Bewertung 2012
Verfügbarkeit qualifizierten Personals	4,6	4,8
Produktionsinfrastruktur	4,3	4,5
(Verkehrs-) Technische Infrastruktur	4,2	4,3
Personal-, Miet- und Lebenshaltungskosten	4,0 *	4,3

69 5=sehr wichtig; 4=eher wichtig; 3=neutral, 2=eher unwichtig; 1=sehr unwichtig.

70 In der *Produzentenstudie 2012* wurde die „Infrastruktur / verkehrstechnische Anbindung" abgefragt.

71 In der *Produzentenstudie 2012* wurden „Personal-, Miet- und Lebenshaltungskosten" zusammen abgefragt, in der vorliegenden Studie Personalkosten sowie Miet- und Lebenshaltungskosten separat. Für den Vergleich der Daten aus 2012 mit den aktuellen, werden die drei Kostenarten zusammengefasst. An anderer Stelle werden die Kostenarten, dem aktuellen Studiendesign folgend, einzeln ausgewiesen.

L.III.2. Bewertung der größten deutschen Produktionsstandorte

Mit Blick auf die vier wichtigsten Standortfaktoren, schneiden die vier Hauptstandorte wie folgt ab: Berlin hat die Nase vorn beim wichtigsten Kriterium, der Personalverfügbarkeit, und schneidet auch bei den Kosten mit Abstand am besten ab. Obwohl die Personal-, Miet- und Lebenshaltungskosten schlechter bewertet wurden als 2012, liegt Berlin mit diesem Wert nach wie vor deutlich vor München, Hamburg und Köln. Hinsichtlich der Produktionsinfrastruktur schneiden Köln und München am besten ab; letzterer Standort auch in Bezug auf die (verkehrs-) technische Infrastruktur.

In der Gesamtsicht sind nach wie vor Berlin und München, die von den Produktionsunternehmen am besten bewerteten deutschen Standorte.

Standortfaktoren	Berlin		Hamburg		Köln		München	
	2018	*2012*	2018	*2012*	2018	*2012*	2018	*2012*
Verfügbarkeit qualifizierten Personals	**4,1** ↓	*4,5*	**3,2** ↓	*4,1*	**3,8** ↓	*4,2*	**3,6** ↓	*4,2*
Produktionsinfrastruktur	**4,5** ↓	*4,6*	**3,7** ↓	*4,4*	**4,6** ↑	*4,5*	**4,6** ↓	*4,8*
(Verkehrs-) Technische Infrastruktur	**4,1** ↓	*4,6*	**3,4** ↓	*4,5*	**3,7** ↓	*4,5*	**4,3** ↓	*4,8*
Personal-, Miet- und Lebenshaltungskosten	**3,8** ↓	*4,3*	**2,6** ↓	*3,3*	**2,8** ↓	*3,4*	**2,0** ↓	*2,6*
Verfügbarkeit von Drehorten	**4,1**	--	**3,7**	--	**3,4**	--	**3,3**	--
Länderförderung	**3,6** ↑	*3,3*	**3,0** ↑	*2,9*	**3,3** ↓	*3,8*	**3,9**	*3,9*
Internationalität	**4,4**	--	**3,1**	--	**3,2**	--	**3,5**	--
Lebensqualität, Freizeit-/ Kulturangebot	**4,4** ↓	*4,6*	**4,3**	*4,3*	**3,6** ↓	*4,1*	**4,8**	*4,8*
Kooperation mit Behörden	**3,3** ↓	*3,7*	**3,8**	*3,8*	**3,6** ↑	*3,3*	**3,5** ↓	*4,0*
Standort-Image	**4,4**	--	**3,8**	--	**3,7**	--	**4,5**	--
Existenz anderer Kultur- und Kreativbranchen	**4,5**	--	**4,0**	--	**4,2**	--	**3,8**	--
Nähe zu Kunden	**3,2** ↓	*3,3*	**3,0** ↑	*2,9*	**4,0** ↑	*3,8*	**4,2** ↑	*3,9*
Existenz anderer Produktionsfirmen	**3,9**	--	**3,6**	--	**4,3**	--	**4,2**	--
DURCHSCHNITTSWERT	**4,0** ↓	*4,1*	**3,5** ↓	*3,8*	**3,7** ↓	*3,9*	**3,9** ↓	*4,1*

Tabelle 14: Bewertung der größten Unternehmsstandorte[72] hinsichtlich der abgefragten Standortfaktoren (2018 und 2012)
Quelle: Branchenumfrage der HMS. Frage: „Nachfolgend möchten wir von Ihnen erfahren, wie Sie Ihren Hauptstandort hinsichtlich der folgenden Faktoren bewerten (...).“ (Skala: von 5 = sehr gut bis 1 = sehr schlecht).

Bei der Bewertung des eigenen Standorts wird sowohl der Faktor nach Bedeutung gewichtet als auch mit einer Schulnote bewertet. Auch hier sind die Unterschiede zwischen 2012 und 2018 interessant.

Verbessert haben sich Berlin und Hamburg mit Bezug auf die Bewertung ihrer Länderförderungen, Köln im Hinblick auf die hiesige Produktionsinfrastruktur sowie die Kooperation mit Behörden und alle Standorte mit Ausnahme Berlins bezüglich der Kundennähe.

Dennoch fällt auf, dass die Bewertungen aller Standorte kritischer ist als noch 2012. Dies betrifft fast durchgängig die vier wichtigsten Standortkriterien. Vor allem was die Personalverfügbarkeit, die Produktionsinfrastruktur und die Kosten anbelangt wurden alle Standorte durchgängig schlechter beurteilt als noch vor sechs Jahren.

72 Bei den anderen Standorten waren die Fallzahlen zu gering, sodass eine Auswertung nicht möglich war.

Produzentenstudie 2018

M. DURCHFÜHRUNG UND METHODIK DER STUDIE

M. DURCHFÜHRUNG UND METHODIK DER STUDIE

Oliver Castendyk und Juliane Müller

Die Methodik der Befragung und Auswertung folgt der Produzentenstudie 2012, die sich wiederum an der Studie *Film- und Fernsehwirtschaft in Deutschland 2001/2002* orientierte, die das Deutsche Institut für Wirtschaftsforschung (DIW Berlin) im Auftrag der Landesmedienanstalten durchgeführt hatte.

M.I. Erhebungsmethode und Rücklauf

Es gibt in Deutschland kein öffentlich zugängliches amtliches Unternehmensregister, aus dem die Adressen der Produktionsunternehmen ermittelt werden könnten. Der Adressatenkreis der Befragung musste deshalb aus bestehenden Adressbeständen ermittelt werden. Dabei haben wir die Daten von

- Branchenverbänden wie der Allianz Deutscher Produzenten – Film & Fernsehen e.V. und regionalen Produzentenverbänden,
- Bundes- und Länderförderinstitutionen,
- verschiedenen Film-Commission-Organisationen,
- Datenbanken wie Mediabiz und Crew United sowie
- Branchenadressbüchern

ausgewertet. Im Ergebnis wurden zunächst 1.653 Unternehmen erfasst, an die am 17.04.2018 der Link zur Online-Umfrage und die Fragebögen als PDF per E-Mail versandt wurden. Während der Feldphase wurde geprüft, ob die Firmen zur Zeit der Erhebung noch aktiv waren. Außerdem wurden Unternehmen ausgeschlossen, deren geschäftlicher Schwerpunkt, soweit durch ihre Internetpräsenz erkennbar, nicht auf

Bild 26: *Dinner Party* (2018), Good Times / Sat.1

Bild 27: *Beutolomäus und der wahre Weihnachtsmann* (2017), Wunder-Werk / KiKA, © Britta Krehl

Filmherstellung, sondern z.B. auf filmtechnischen Dienstleistungen lag. Am Ende dieser Bereinigung der Datenbasis verblieben 1.192 Unternehmen. Nach insgesamt vier Reminder-Mailings, telefonischer Kontaktaufnahme zu jedem angeschriebenen Unternehmen durch vier Telefonisten und einer intensiven Nacherhebungsphase zwischen Mai und Juni 2018 wurde die Umfrage am 15.06.2018 geschlossen.

329 Unternehmen haben den Fragebogen beantwortet. Dies entspricht einer Rücklaufquote von 27,8 %. Die Rücklaufquote ist zufriedenstellend.[73] Mit Bezug auf die Grundgesamtheit der klassischen Produzenten (882) betrugen die Rückläufe 221 Antworten. Dies entspricht einer Rücklaufquote von 25,1 %. Allerdings wurde der Fragebogen oft nicht vollständig ausgefüllt, sodass die Rückläufe je nach Fragestellung unterschiedlich hoch ausfallen.

M.II. Grundgesamtheit

Um die Grundgesamtheit der Filmhersteller zu bestimmen, gehen wir von den Daten des Statistischen Bundesamtes aus. Das Statistische Bundesamt weist in der Umsatzsteuerstatistik für den Wirtschaftszweig 59.11 (Film- und Videoherstellung) 4.409 Unternehmen im Jahr 2016 aus. Diese Zahl umfasst sowohl Produzenten im weiteren Sinne als auch die klassischen TV- und Kinofilmproduzenten (Produzenten im engeren Sinne) ab einem Jahresumsatz von 17.500 EUR.

Die Umsatzsteuerstatistik basiert auf dem weiten Unternehmerbegriff in § 2 UStG, wonach jeder Unternehmer ist, der eine gewerbliche oder berufliche Tätigkeit selbstständig ausübt. Deshalb sind in der Umsatzsteuerstatistik auch diejenigen Personen enthalten, die branchenintern als „freie Mitarbeiter“ von TV-Sendern, Filmstudios oder Produktionsunternehmen angesehen werden. Wenn z.B. ein Unternehmer, beispiels-

73 Die Rücklaufquote der Studie des DIW lag nur bei 16 %, die Rücklaufquoten der Produzentenstudie 2012 lag bei 31 % und die der letzten FORMATT-Studie mit 28 % ebenfalls in einer ähnlichen Größenordnung.

weise ein selbstständiger Herstellungsleiter, eine GmbH gründet und seine Leistungen über die Gesellschaft abrechnet, ändert sich nichts daran, dass er aus Sicht von Branchenteilnehmern kein „Produktionsunternehmen" darstellt, sondern allenfalls ein „Produzent im weiteren Sinne" oder ein Produktionsdienstleister ist.

Da es keine Möglichkeit gibt, mittels der Umsatzsteuerstatistik Produktionsunternehmen und freie Mitarbeiter, die an Produktionen anderer beteiligt sind, zu unterscheiden, haben wir die Grenze von 100.000 EUR Umsatz gezogen, da wir davon ausgehen, dass ein Großteil der freien Mitarbeiter Einnahmen in einem Bereich unterhalb dieser Grenze haben dürfte. Laut Umsatzstatistik bleiben demzufolge 2.192 Unternehmen übrig, die ihre Umsätze hauptsächlich im Bereich Film- und Videoherstellung erzielt haben.

Um Produktionsdienstleister von Produktionsunternehmen im engeren Sinne abzugrenzen, bietet das Umsatzsteuerrecht einen Ansatz. Letztere sind Inhaber des Produzentenleistungsschutzrechtes gem. § 92 UrhG. Diese originäre Rechtsposition erlaubt es ihnen, Rechnungen mit einem reduzierten Umsatzsteuersatz von 7 % zu stellen. In die Umsatzsteuerstatistik geht ein, mit welchem Steuersatz die Umsatzsteuer vorangemeldet wurde. Dies wird statistisch erfasst, aber nicht veröffentlicht. Bei Beauftragung stellt das Statistische Bundesamt diese Daten zur Verfügung.

Betrachtet man nur die Unternehmen, die mehr als 100.000 EUR Umsatz und die Umsätze mit dem reduzierten Umsatzsteuersatz von 7 % vorangemeldet haben, so handelt es sich um 1.179 Unternehmen im Jahr 2016. Die anderen rund 1.000 Unternehmen, die ausschließlich 19 %-USt.-Rechnungen stellen, müssen als „Produzenten im weiteren Sinne" eingeschätzt werden. Nur die rund 1.200 Unternehmen, die, weil sie 2016 zumindest auch Umsatzsteuervoranmeldungen auf Basis von 7 % USt. tätigten, können überhaupt Produzenten im klassischen Sinne, insbesondere TV- und Kinoproduzenten, sein.

Wir haben 636 TV-Unternehmen und 246 Kinofilmproduktionsunternehmen recherchiert. Diese Gesamtzahl von 882 Unternehmen liegt etwas höher als die 815 Unternehmen, die das FORMATT-Institut aus Dortmund im Rahmen einer Vollerhebung in diesem Markt gezählt hat. Der Unterschied könnte damit zusammenhängen, dass FORMATT nur

Bild 28: *TerraX: Alpen* (2017), Bilderfest / ZDF

Produktionsunternehmen erfasst, die für bestimmte Gruppe von TV-Sendern produzieren (FORMATT 2018: 18).

M.III. Stichprobe

Die Produktionsunternehmen der Stichprobe decken alle Genres ab; fast alle Bundesländer sind vertreten und zwar in der gleichen Proportion, wie in der Grundgesamtheit. Das Gleiche gilt für das Verhältnis von Kino- und TV-Produzenten: Beide sind im Verhältnis ihres Anteils zu ca. einem Viertel in der Stichprobe vertreten. Gemessen am Branchenumsatz der klassischen Produzenten deckt die Stichprobe vier Fünftel des klassischen Produktionsmarktes ab.

Im Bereich der TV-Produktion enthält die Stichprobe mit 155 Unternehmen 24,4 % aller im Jahr 2017 aktiven TV-Produktionsunternehmen in Deutschland. Auch die Zahl der Kinofilmproduktionsunternehmen, die an der Befragung teilgenommen haben, liegt mit 66 Unternehmen (26,8 % der 246 im Jahr 2017 aktiven Kinofilmproduktionsunternehmen in Deutschland) in einem Bereich, bei dem repräsentative Aussagen möglich sind.

Allerdings wurden einzelne Fragen nicht oder in sich widersprüchlich beantwortet, so dass zum Teil nur verwertbare Antworten von ca. 20 Unternehmen vorlagen. Dies gilt vor allem für die Angaben zum ersten im Jahr 2017 fertiggestellten Projekt. Hier waren die Antwortquoten im Kinobereich enttäuschend. Im Einzelnen ist die Verlässlichkeit der Daten also abhängig von der Fragestellung.

Zwei Beispiele: Die Grafik, die die Orientierung der tarifgebundenen Unternehmen an Regelungen zu Mindestgagen und Arbeitszeiten im Tarifvertrag abbildet (siehe Abbildung 71, Kapitel J.III.) betrifft etwa ein Fünftel der Produktionsunternehmen (der Grundgesamtheit klassischer Produzenten) und zwar die tarifgebundenen (ca. 180 TV- und Kinofilmproduktionsunternehmen). Der Rücklauf von 43 Antworten entspräche einer Rücklaufquote von 24 %. Die Fragen zum Finanzierungsmix ihrer

Bild 29: *Lügen, die von Herzen kommen* (2018), U5 Filmproduktion / ZDF, Foto: Christian Lüdeke

Bild 30: *Another Day of Life* (2018), Wüste Film

ersten 2017 fertig gestellten Produktion haben nur 19 Unternehmen beantwortet; dies entspräche einer Rücklaufquote von 8 % (siehe Abbildung 53, Kapitel Finanzierungsmix von Kinofilmen). Die Angaben zum Finanzierungsmix sind deshalb voraussichtlich nicht repräsentativ für die Kinofilmproduktionsunternehmen.

Wie schon in der *Produzentenstudie 2012* sind größere Produktionsunternehmen überrepräsentiert. Grund dafür ist, dass größere Unternehmen personell eher in der Lage sind, ausführliche Fragebögen zu beantworten. Dieser Bias zeigt sich im Vergleich der Größenklassen aus Stichprobe und Umsatzsteuerstatistik 2016.

Der mittlere Bereich von Unternehmen mit einem Umsatz zwischen 5 Mio. bis 25 Mio. EUR und der Gruppe über 25 Mio. EUR ist in der Stichprobe stärker vertreten als in der Realität. Im Segment der jährlichen Umsätze von 100 Mio. bis 250 Mio. EUR und über 250 Mio. EUR hat fast eine Vollerhebung stattgefunden.

Diese Asymmetrie in der Stichprobe haben wir im Bereich der Umsatzschätzungen in Kapitel C und der Hochrechnung der Beschäftigtenzahlen der Stichprobe durch eine entsprechende Korrektur ausgeglichen.[74] Andernfalls wären die von der Stichprobe hochgerechneten Gesamtumsätze und Beschäftigtenzahlen zu hoch ausgefallen.

M.IV. Umsätze

Ausgehend von der Definition des Statistischen Bundesamtes (Destatis 2009: 9) wird hier unter „Umsatz" der Gesamtbetrag (ohne Umsatzsteuer) der abgerechneten Lieferungen und sonstigen Leistungen (einschließlich der Handelsumsätze) aus der gewöhnlichen Geschäftstätigkeit verstanden.

In der Umsatzsteuerstatistik erfasst werden nur steuerpflichtige Umsätze. Umsätze, wie z.B. staatliche Subventionen oder Lizenzerlöse von ausländischen Lizenznehmern werden mangels Umsatzsteuerpflicht in

74 Die Korrektur basiert auf einer Angleichung der Unternehmen in den Umsatzsteuerklassen der Stichprobe und der amtlichen Umsatzsteuerstatistik. Den gleichen Weg ist auch das DIW in der Altstudie gegangen (DIW 2002: 144ff).

der Umsatzsteuer(vor)anmeldung nicht aufgeführt. Da diese Umsätze jedoch betriebswirtschaftlich und bilanziell zu Einnahmen eines Filmproduktionsunternehmens hinzuzählen, sind sie in der Erhebung erfasst und gehören zum hier erfassten Branchenumsatz.

Erhoben werden die Umsätze der Filmhersteller im „engeren" und „weiteren Sinne". Filmhersteller im Sinne der Studie sind solche, die bei der Erhebung angegeben haben, dass ihre überwiegenden Umsätze aus der Produktion audiovisueller Werke und den Erlösen aus der Auswertung dieser Werke, nicht aber aus anderen Leistungen stammen, wie z.B. filmnahen Dienstleistungen wie Postproduktion. Diese Abgrenzung entspricht ebenfalls der des Statistischen Bundesamtes (Destatis 2008: 23ff). Zu den Umsätzen eines Produzenten gehören die Umsätze, die mit der Herstellung und Auswertung eines vom Produzenten selbst oder gemeinsam mit anderen produzierten[75] Films verbunden sind.

Ein Beispiel: Ein Produktionsunternehmen stellt im Auftrag eines TV-Senders eine TV-Serie her. Das Produktionsunternehmen erhält dafür vom Sender eine Vergütung. Nehmen wir weiter an, das Produktionsunternehmen habe das Recht behalten, die Serie auf Video auszuwerten, und muss an diesen Einnahmen nur den Sender beteiligen, so würden auch die diesbezüglichen Vergütungen, die der Produzent z.B. vom Videovertrieb erhält, zu den Umsätzen des Produktionsunternehmens zählen. Deshalb, und auch nur in diesem Zusammenhang, sprechen wir von Einnahmen aus „Herstellung und Vertrieb" von Filmen. Ausgehend von der wirtschaftlichen Perspektive des Produktionsunternehmens werden hier auch Konfinazierungs- oder Koproduktionsbeiträge Dritter als Umsätze gezählt, auch wenn sie aus rechtlichen Gründen zum Teil nur Umsätze der Koproduktionsgemeinschaft und nicht der daran beteiligten Produzenten sind.

Bild 31: *Das große Backen*, Tower Productions / Sat.1, Foto: Claudius Pflug

75 Damit fallen Verleih- und Vertriebsunternehmen und ihre Umsätze nicht unter die Definition, wohl aber sämtliche Umsätze eines Unternehmens, das nach eigenen Angaben überwiegend Umsätze mit der Herstellung von Filmen generiert.

Bild 32: *Der Dritte König* (2018), Neopol Film, Esperanto Entertainment

M.V. TV-Produktionsvolumen

Die vorliegende Stichprobe kann mit den oben genannten Einschränkungen zwar über die relative Aufteilung des Produktions- und Umsatzvolumens im deutschen TV-Markt Auskunft geben. Das Gesamtauftragsvolumen des deutschen TV-Marktes – gerechnet in Minuten – lässt sich jedoch aus den beiden Stichproben nicht hochrechnen. Auch die TV-Sender geben zu ihren Auftragsvolumina nur eingeschränkt oder gar keine Auskunft.

Aus diesem Grunde wurde im Rahmen der Studie eine TV-Programmanalyse auf Basis einer „typischen“[76] TV-Beispielwoche (18.-24.11.2017) durchgeführt. Mit der Methodik von Beispielwochen arbeiten auch andere Studien wie beispielsweise die Content-Berichte der Medienanstalten (z.B. ALM 2018a). Erfasst wurde die Sendeleistung der großen Sender(gruppen):

- ARD (Das Erste) inkl. der Dritten Programme (BR, HR, MDR, NDR, RBB, SWR, WDR)
- ZDF
- KiKa
- ProSiebenSat.1-Gruppe (kabel eins, ProSieben, Sat.1) sowie
- RTL-Gruppe (RTL, RTL2, VOX).

Das gesamte innerhalb dieser TV-Woche ausgestrahlte Programm (deutsche Produktionen) der o.g. Sender wurde nach folgenden Parametern erfasst und codiert:

- Ausstrahlender Sender
- Programmtitel (ggf. inkl. Angabe der konkreten Folge)
- Ausstrahlungsdatum

76 „Typisch“ bedeutet in diesem Fall, dass in dieser TV-Woche keine besonderen Sportgroßereignisse übertragen wurden (wie z.B. Winterspiele), keine Sonderprogrammierung stattfand (wie z.B. Sommer- oder Weihnachtsprogrammierung) o.ä.

Bild 33: *Weißensee* – 4. Staffel (2018), Ziegler Film

- Dauer des Programms [77]
- Genre (Dokumentation, Entertainment, Fiction, Information, Sport, Sonstiges) [78]
- Erstausstrahlung/Wiederholung [79]
- Produktionsart: Eigenproduktion/Auftragsproduktion/Koproduktion
- Produktionsunternehmen
- Produktionsjahr

Im Anschluss an die Codierung wurden die Daten der Beispielwoche hochgerechnet, um den Gesamtoutput der deutschen TV-Produktionsbranche für das Produktionsjahr 2017 zu bestimmen und mit dem TV-Output des Jahres 2011 vergleichen zu können.

An dieser Stelle sei auf folgende Problematik hingewiesen: Bei der TV-Programmanalyse zur *Produzentenstudie 2012* wurden die sogenannten „Ko-Eigenproduktionen" für das Jahr 2017 anders zugeordnet als für 2011, so dass zu viele Sendeminuten als Eigenproduktionen und zu wenige als Auftragsproduktionen kodiert worden sind. Aus diesem Grund wurden die Ko-Eigenproduktionen nachkodiert. Dies führte zu einem Korrekturfaktor von 0,04.

77 Bei den ausgewiesenen Sendeminuten handelt es sich um die Nettosendelänge der Programme, d.h. Werbezeiten, Programmankündigungen etc. sind nicht enthalten. Bei den öffentlich-rechtlichen Sendern wurde der Anteil der Werbung ermittelt auf Basis des Content-Berichts 2017 (ALM 2018a: 124).

78 Detaillierte Aufschlüsselung der Genres: Dokumentation, Dokuserie/-reihe, Factual Entertainment / Reality, Kinofilm, Kurzzfilm, Liveübertragung (z.B. Sportereignisse), Magazin, TV-Movie (Fiction), Nachrichten, Scripted Entertainment, TV-Serie (Fiction), Show, Sketchcomedy, Talkshow, Sonstiges (z.B. Lotto, Übertragung einer Opernaufzeichnung).

79 Erstausstrahlungen deutscher Eigen-, Auftrags- und Koproduktionen sind ein starker Indikator für das TV-Produktionsvolumen der Branche. Bei Erstausstrahlungen zählen wir deshalb nur „echte" Erstausstrahlungen. Keine Erstausstrahlungen sind Wiederholungen. Dazu rechnen wir jede Wiederholung im deutschen Fernsehen (ggf. auch auf einem anderen Sender) und nicht nur Wiederholungen, die am gleichen Tag in der Nacht oder am nächsten Morgen erfolgen. Im Gegensatz dazu weist der Content-Bericht der Landesmedienanstalten nur die sogenannten kurzfristigen Wiederholungen aus. Kurzfristige Wiederholungen sind forschungstechnisch leicht zu ermitteln, weil man innerhalb der Beispielwoche bleiben kann und keine weiteren Recherchen braucht. Es bedarf eines deutlich höheren Aufwands, um herauszufinden, ob eine Serienepisode zeitlich uneingeschränkt schon einmal – ggf. auf einem anderen Sender – ausgestrahlt worden ist, als nur zu ermitteln, ob sie schon einmal in der Nacht oder am Morgen davor oder danach gesendet wurde. Gleichzeitig aber ist aus Sicht einer Studie, die sich für das beauftragte Produktionsvolumen eines Senders interessiert, die alleinige Erhebung von kurzfristigen Wiederholungen nicht ausreichend, weil die ausgestrahlten und in der Erhebung erfassten Programme Erstausstrahlungen oder Wiederholungen sein können und damit ein Rückschluss auf das Auftragsproduktionsvolumen nicht möglich ist.

M.VI. Influencer-Marketing

Die Angaben zum Influencer-Marketing basieren auf den Ergebnissen der Goldmedia-Studie *Influencer Marketing in the DACH Region: Market Structure, Size and Future Outlook* (Goldmedia 2018a). Im Rahmen dieser Studie zu Influencer Marketing in Deutschland, Österreich und der deutschsprachigen Schweiz wurden Marktzahlen und Prognosen zum Marktvolumen von 2017 bis 2020 entwickelt. Das Marktvolumen umfasst alle monetären und nicht-monetären Erlöse. Als Influencer wurden im Rahmen der Studie digitale Meinungsführer in sozialen Medien mit mindestens 10.000 Followern auf mindestens einer Social-Media-Plattform definiert. Die Prognosen basieren auf Szenarioanalysen, denen u.a. Social-Media-Analytics-Daten sowie Tiefeninterviews mit Branchenexperten zugrunde liegen. Darüber hinaus flossen Angaben zu durchschnittlichen Marktpreisen für sogenannte „sponsored influencer posts" auf CPMF-Basis (cost per thousand followers) von mehr als 1.000 Influencern in die Analyse mit ein.

M.VII. Konsolidierung

Die Top-10-Liste der umsatzstärksten Produktionsunternehmen 2017 wurde ermittelt auf Basis der Angaben in der Produzentenumfrage, der Angaben in den Jahresabschlüssen und Bilanzen der Produktionsunternehmen (jeweils nur die Angaben zum Produktionsumsatz) sowie qualifizierten Schätzungen basierend auf Steigerungsraten und Hintergrundgesprächen mit Branchenteilnehmern.

M.VIII. Gesamtherstellungskosten von Kinofilmen

Da die Rückläufe zu Kinoproduktionen im projektbezogenen Teil des Fragebogens ungenügend waren (siehe oben), wurde zurückgegriffen auf Daten der SPIO Spitzenorganisation der Filmwirtschaft und auf Angaben

Bild 34: *Käpt'n Sharky* (2018), Caligari Film

zum DFFF. Auf Basis von Budget-, Minuten- und Förderangaben wurden die durchschnittlichen Herstellungskosten für rein deutsche Spielfilme, die 2017 in den deutschen Kinos gestartet sind, ermittelt (n=43).

Die durchschnittlichen Herstellungskosten über alle Produktionsarten hinweg wurde auf Basis des gesamten Kinofilmproduktionsumsatzes sowie der Gesamtzahl der erstaufgeführten deutschen Kinofilme jeweils für das Jahr 2017 ermittelt.

M.IX. Finanzierungsmix von Kinofilmen

Es sei an dieser Stelle darauf hingewiesen, dass die verwertbaren Rückläufe bezüglich der Finanzierung im projektbezogenen Fragebogenteil so niedrig lagen, dass die Ergebnisse nicht als repräsentativ betrachtet werden können.

Der Finanzierungsbaustein „Förderung“ umfasst die folgenden (Produktions-) Förderprogramme bzw. -einrichtungen: FFA (inkl. deutscher Anteil des Minitraité), DFFF, Länderförderungen, BKM, GMPF, Deutscher Filmpreis, EURIMAGES sowie MEDIA.

M.X. VoD-Markt

Die Strukturierung des deutschen Onlinevideo-Marktes erfolgte auf Basis des *Web-TV-Monitors* (BLM/LFK 2017). In der Studie im Auftrag der Bayerischen Landesrezentrale für Neue Medien (BLM) sowie der Landesanstalt für Medien Baden-Württemberg (LFK) wird seit 2010 regelmäßig eine Marktübersicht inkl. Anbietertypologisierung sowie eine umfangreiche Online-Befragung unter Onlinevideo-Anbietern in Deutschland durchgeführt.

Die Quantifizierung und Prognose des deutschen Pay-VoD-Marktes basiert auf Daten der VoD-Ratings (@6). Bei den VoD-Ratings handelt es sich um eine rollierende „Day After Recall“-Befragung. Hierbei werden Nutzer von kostenpflichtigen Video-on-Demand-Services täglich zu

Bild 35: *Goliath96* (2019), Skalar Film, Foto: Tobias Bergund

Bild 36: *Als der Tee in den Norden kam* (2017), video:arthouse Film und Fernsehen / NDR

den von ihnen gestern gesehenen VoD-Inhalten befragt. Die Befragung richtet sich an Nutzer ab 14 Jahren; für Kinder von 3 bis 13 Jahren existiert ein separates Panel, bei dem Erziehungsberechtige nach der Nutzung von VoD-Angeboten ihrer Kinder befragt werden. Insgesamt werden rund 93.000 Personen pro Jahr in Deutschland befragt. Auf dieser Basis werden regelmäßig für alle Anbieter die Zahl der Abonnements (Subscriptions), der Personen mit Zugang zu den Angeboten (Access) sowie zur Nutzung (Usage) ausgewiesen. Die VoD-Ratings erlauben es, auf Basis der Nutzungs- und Abonnementzahlen entsprechende Umsatzpotenziale hochzurechnen.
Ergänzt wurden diese Zahlen durch öffentlich zugängliche Kennzahlen einzelner Marktteilnehmer, Informationen des Statistischen Bundesamtes (u.a. Entwicklung Zahl der Personen und der Haushalte), Veröffentlichungen der Bundesnetzagentur (insbesondere zur Entwicklung der Breitband-Internetanschlüsse in Deutschland) sowie Verbandstatistiken (u.a. BITKOM, BVV, VAUNET) und öffentlich verfügbare Marktstudien (u.a. ARD-ZDF-Onlinestudie, Digitalisierungsbericht der Medienanstalten). Berücksichtigt wurden außerdem die Entwicklungen einzelnen Anbieter auf internationaler Ebene (u.a. Netflix in den USA).

M.XI. Standortbewertung

Ausgewertet werden konnten die Standorte Berlin, Hamburg, Köln und München, da hier die Rückläufe jeweils ausreichend hoch waren. Bei den anderen Standorten waren die Fallzahlen zu gering, sodass eine Auswertung nicht möglich war.

Für die Zeitreihenvergleiche wurden folgende Anpassungen vorgenommen, um die Daten aus 2012 mit den aktuellen Daten aus 2018 vergleichbar zu machen:

Die Skala in der Umfrage zur vorliegenden Studie folgt dem Schema 5 (= sehr gut bzw. sehr wichtig) bis 1 (= sehr schlecht bzw. sehr unwichtig). In der *Produzentenstudie 2012* folgte die Skala dem Schulnotensystem 1 (= sehr gut bzw. sehr wichtig) bis 6 (= ungenügend bzw. unbedeutend). Die damaligen Werte wurden auf die aktuelle Skala angepasst.

In der *Produzentenstudie 2012* wurden einzelne Faktoren teils leicht abweichend abgefragt. Z.B. wurden 2012 die „Personal-, Miet- und Lebenshaltungskosten“ zusammen abgefragt, in der vorliegenden Studie „Personalkosten“ sowie „Miet- und Lebenshaltungskosten“ separat. Im Rahmen von Jahresvergleichen werden die drei Kostenarten zusammengefasst, ansonsten aber separat ausgewiesen.

M.XII. Allgemeine Hinweise

Auswertungsarten

Neben „unternehmensbezogenen“ wurden vereinzelt auch „umsatzbezogene“ Auswertungen vorgenommen. Dies bedeutet, dass Unternehmen entsprechend ihres Umsatzes in die Gewichtung eingeflossen sind. Das führt dazu, dass umsatzstärkere Unternehmen die Ergebnisse stärker beeinflussen als umsatzschwache Unternehmen. Diese Betrachtungsweise ist sinnvoll, wenn Größenverhältnisse interessieren, z.B. beim Verhältnis vom Auslands- zum Inlandsumsatz.

Rundungsdifferenzen

Aufgrund von Rundungsdifferenzen kann bei einigen Kreisdiagrammen bzw. gestapelten Balkendiagrammen (100 %) die Summe der einzelnen Prozentwerte unter oder über 100 % liegen (siehe z.B. Abbildung 51).

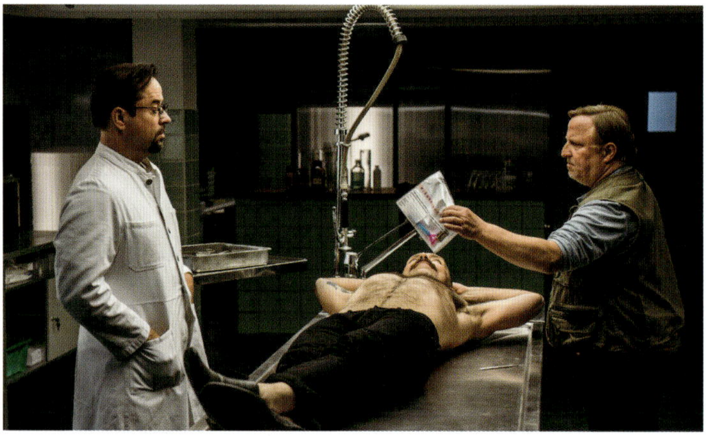

Bild 37: *Tatort Münster: Gott ist auch nur ein Mensch*, Molina Film

Produzentenstudie 2018

N. VERZEICHNISSE

N. VERZEICHNISSE

N.I. Literaturverzeichnis

N.I.1. Monografien, Studien, Berichte

ALM – die medienanstalten (2009): Wirtschaftliche Lage des Rundfunks in Deutschland 2008/2009. Berlin: VISTAS Verlag.

ALM – die medienanstalten (2011a): Jahrbuch 2010/2011. Landesmedienanstalten und privater Rundfunk in Deutschland. Berlin: VISTAS Verlag. Online unter: https://www.die-medienanstalten.de/fileadmin/user_upload/die_medienanstalten/Publikationen/Jahrbuch/Jahrbuch_2010-2011.pdf [31.10.2018].

ALM – die medienanstalten (2011b): Wirtschaftliche Lage des Rundfunks in Deutschland 2010/2011. Berlin: VISTAS Verlag.

ALM – die medienanstalten (2012): Programmbericht 2011. Fernsehen in Deutschland. Programmforschung und Programmdiskurs. Berlin: VISTAS Verlag. Online unter: https://www.die-medienanstalten.de/fileadmin/user_upload/die_medienanstalten/Publikationen/Content-Bericht/Programmbericht_Archiv/Programmbericht_2011.pdf [30.10.2018].

ALM – die medienanstalten (2017a): Checkliste Web TV. Online unter: https://www.die-medienanstalten.de/fileadmin/user_upload/Rechtsgrundlagen/Richtlinien_Leitfaeden/Checkliste_Web-TV.pdf [26.10.2018].

ALM – die medienanstalten (2017b): Content-Bericht 2016. Forschung, Fakten, Trends. Leipzig. Online unter: https://www.die-medienanstalten.de/fileadmin/user_upload/die_medienanstalten/Publikationen/Content-Bericht/Content-Bericht_2016_web.pdf [02.11.2018].

ALM – die medienanstalten (2017c): Digitalisierungsbericht. Online unter: https://www.die-medienanstalten.de/fileadmin/user_upload/die_medienanstalten/Publikationen/Digitalisierungsbericht_Video_2018/Digitalisierungsbericht_Archiv/2017/Digitalisierungsbericht_2017_web.pdf [24.10.2018].

ALM – die medienanstalten (2018a): Content-Bericht 2017. Forschung, Fakten, Trends. Leipzig. Online unter: https://www.die- medienanstalten.de/fileadmin/user_upload/die_medienanstalten/Publikationen/Content-Bericht/Content-Bericht_2017_web.pdf [02.11.2018].

ALM – die medienanstalten (2018b): Digitalisierungsbericht Video. Digitalisierung vollendet – Wie linear bleibt das Fernsehen? Berlin. Online unter: https://www.die-medienanstalten.de/fileadmin/user_upload/die_medienanstalten/Publikationen/Digitalisierungsbericht_Video_2018/Digitalisierungsbericht_Video_2018.pdf [07.11.2018].

Altmeppen, Klaus-Dieter; Karmasin, Matthias (Hrsg.) (2003): Problemfelder der Medienökonomie. 3 Bände. Wiesbaden: Springer VS (Medien und Ökonomie, 2).

ARD – Arbeitsgemeinschaft der öffentlich-rechtlichen Rundfunkanstalten der Bundesrepublik Deutschland (2010a): Jahrbuch 10. Frankfurt am Main.

ARD – Arbeitsgemeinschaft der öffentlich-rechtlichen Rundfunkanstalten der Bundesrepublik Deutschland (2016): ARD-Produzentenbericht 2016. Leipzig. Online unter: http://www.ard.de/download/4487416/ARD_Produzentenbericht_2016.pdf [24.10.2018].

ARD – Arbeitsgemeinschaft der öffentlich-rechtlichen Rundfunkanstalten der Bundesrepublik Deutschland (2015): ARD-Produzentenbericht 2015. Leipzig. Online unter: www.ard.de/download/2136062/ARD_Produzentenbericht_2015.pdf [14.11.2018].

ARD – Arbeitsgemeinschaft der öffentlich-rechtlichen Rundfunkanstalten der Bundesrepublik Deutschland (2014): ARD-Produzentenbericht 2014. Leipzig. Online unter: www.ard.de/download/3481334/ARD_Produzentenbericht_2014.pdf [14.11.2018].

ARD – Arbeitsgemeinschaft der öffentlich-rechtlichen Rundfunkanstalten der Bundesrepublik Deutschland / ZDF – Zweites Deutsches Fernsehen (2017): Gender und Fernsehfilm. Eine Studie der Universität Rostock und des Fraunhofer-Instituts im Auftrag von ARD und ZDF. Online unter: http://www.ard.de/download/3841216/Gender_und_Fernsehfilm___Eine_Studie_im_Auftrag_von_ARD_und_ZDF.pdf [09.11.2018].

Audiens (2017): l'Observatoire de la production audiovisuelle et cinématographique en Île-de-France. Hrsg. von Île de France Film Commission. Paris. Online unter: http://www.idf-film.com/media/etude-observatoire-emploi-2017.pdf [25.10.2018].

Baeker, Anne (2011): Der Produzent 2.0 – Der Filmproduzent in der digitalen Welt und die Möglichkeiten neuer Geschäftsmodelle. Potsdam: Hochschule für Film und Fernsehen „Konrad Wolf".

BAFA – Bundesamt für Wirtschaft und Ausfuhrkontrolle (2005): Übersicht über die Lizenzerlöse und Lizenzabgaben bei der Vergabe und dem Erwerb von Auswertungsrechten an Filmen im Jahre 2005 (Filmstatistik). Eschborn.

BAFA – Bundesamt für Wirtschaft und Ausfuhrkontrolle (2011): Bericht 2010/2011. Eschborn. Online unter: https://www.ufop.de/files/4713/3935/6979/GB_2011_Web.pdf [31.10.2018].

BDF – Bundesverband Deutscher Fernsehproduzenten (2004): Jahrbuch Directory 2004. Berlin: VISTAS Verlag.

Berauer, Wilfried / Folville, Nicole (2018): Deutsche Kinofilme auf Pay-VoD im März 2018. Hrsg. von SPIO – Spitzenorganisation der Filmwirtschaft. Wiesbaden. Online unter: https://www.spio.de/media_content/3413.pdf [31.10.2018].

BFI – British Film Institute (2011): Film production in the UK – Full Year 2010 Report. London. Online unter: https://www.bfi.org.uk/sites/bfi.org.uk/files/downloads/uk-film-council-film-production-in-the-uk-full-year-2010-report-2011-01-20.pdf [02.11.2018].

BFI – British Film Institute (2012a): Film production in the UK – full year 2011 report. London. Online unter: https://www.bfi.org.uk/sites/bfi.org.uk/files/downloads/bfi-film-production-in-the-uk-full-year-2011-report-2012-01-31.pdf [02.11.2018].

BFI – British Film Institute (2012b): Statistical Yearbook 2011. London. Online unter: https://www.bfi.org.uk/sites/bfi.org.uk/files/downloads/bfi-statistical-yearbook-2011.pdf [02.11.2018].

BFI – British Film Institute (2014): Statistical Yearbook. London.

BFI – British Film Institute (2015): Film Industry Companies. London.

BFI – British Film Institute (2015): THE BOX OFFICE 2014. BFI Research and Statistics. London.

BFI – British Film Institute (2017a): Film Industry Companies. London.

BFI – British Film Institute (2017b): Statistical Yearbook 2017. London. Online unter: https://www.bfi.org.uk/sites/bfi.org.uk/files/downloads/bfi-statistical-yearbook-2017.pdf [24.08.2018].

BFI – British Film Institute (2018): Screen Sector Certification and Production. London. Online unter: https://www.bfi.org.uk/sites/bfi.org.uk/files/downloads/bfi-screen-sector-certification-production-2018.pdf [24.08.2018].

BLM – Bayerische Landeszentrale für neue Medien / LFK – Landesanstalt für Kommunikation Baden-Württemberg (2015): BLM/LFK-Web-TV-Monitor 2015. Berlin. Online unter: https://www.goldmedia.com/fileadmin/goldmedia/2015/Studien/2016/Web_TV_Monitor_2015/Web-TV-Monitor_2015_Langfassung.pdf [25.10.2018].

BLM – Bayerische Landeszentrale für neue Medien / LFK – Landesanstalt für Kommunikation Baden-Württemberg (2016): Web-TV-Monitor 2016. Onlinevideo-Angebote in Deutschland. Berlin. Online unter: https://www.blm.de/files/pdf1/goldmedia-web-tv-monitor-2016_long1.pdf [25.10.2018].

BLM – Bayerische Landeszentrale für neue Medien / LFK – Landesanstalt für Kommunikation Baden-Württemberg (2017): Web-TV-Monitor 2017. Onlinevideo-Angebote in Deutschland. Berlin. Online unter: http://www.webtvmonitor.de/wp-content/uploads/2017/11/BLM_LFK_Goldmedia-Web-TV-Monitor-2017.pdf [25.10.2018].

Bloglovin' (2016): The Global Power of Influencers. Bloglovin' Consumer Survey November 2016. Online unter: https://www.activate.social/docs/whitepaper/consumer_survey_november_2016.pdf [24.10.2018].

Bloglovin' (2017): We Asked, They Answered: How Marketers Are Leveraging Influencer Marketing. Online unter: https://www.activate.social/docs/whitepaper/bloglovin_marketers_survey_report.pdf [24.10.2018].

BMWi – Bundesministerium für Wirtschaft und Energie (2010): Monitoring zu ausgewählten wirtschaftlichen Eckdaten der Kultur und Kreativwirtschaft 2009. Berlin.

BMWi – Bundesministerium für Wirtschaft und Energie (2012): Monitoring zu ausgewählten wirtschaftlichen Eckdaten der Kultur und Kreativwirtschaft 2010. Berlin. Online unter: http://www.miz.org/dokumente/monitoring-wirtschaftliche-eckdaten.pdf [24.10.2018].

BMWi – Bundesministerium für Wirtschaft und Energie (2017): Monitoringbericht Kultur- und Kreativwirtschaft 2017. Berlin. Online unter: https://www.kultur-kreativwirtschaft.de/KUK/Redaktion/DE/Publikationen/2017/monitoring-wirtschaftliche-eckdaten-kuk-2017.pdf?__blob=publicationFile&v=16 [24.10.2018].

Bräunig, Alexander / Kreile, Johannes (2011): Die Umsetzung der Quotenregelung der AVMD-Richtlinie durch § 6 RStV im europäischen Vergleich. In: ZUM 55, S. 529–548.

Bundesagentur für Arbeit (2012): Beschäftigung nach Ländern in wirtschaftsfachlicher Gliederung (WZ 2008). Nürnberg (Arbeitsmarkt in Zahlen – Beschäftigungsstatistik).

Bundeskartellamt (2015): ARD und ZDF Online-Plattform „Germany's Gold". Fallbericht, 23.02.2015. Online unter: https://www.bundeskartellamt.de/SharedDocs/Entscheidung/DE/Fallberichte/Kartellverbot/2015/B6-81-11.pdf;jsessionid=5140CAE583B9E2BC765E7332B48D9529.2_cid371?__blob=publicationFile&v=2 [26.10.2018].

BVDW – Bundesverband Digitale Wirtschaft / INFLURY (2017): Bedeutung von Influencer Marketing in Deutschland 2017. Berlin. Online unter: https://www.bvdw.org/fileadmin/bvdw/upload/studien/171128_IM-Studie_final-draft-bvdw_low.pdf [24.10.2018].

BVV – Bundesverband Audiovisuelle Medien e.V. (2018): Der Home Video Markt im Jahr 2017. Berlin. Online unter: https://www.bvv-medien.org/fileadmin/user_upload/businessreports/JWB2017.pdf [26.10.2018].

Castendyk, Oliver (2004): 235. Kapitel. Rundfunkverfassungsrecht. In: Holger Von Hartlieb und Mathias Schwarz (Hrsg.): Handbuch des Film-, Fernseh- und Videorechts. München: Verlag C. H. Beck, S. 595–602.

Castendyk, Oliver (2008): Die deutsche Filmförderung. Eine Evaluierung. Konstanz: UVK Verlagsgesellschaft.

Castendyk, Oliver (2016): Die Werbefilmproduktion in Deutschland. Eine explorative Studie. Berlin.

Castendyk, Oliver / Dommering, Egbert / Scheuer, Alexander (2008): European Media Law. London: Kluwer Law International.

Castendyk, Oliver / Goldhammer, Klaus (2012): Produzentenstudie 2012. Daten zur Film- und Fernsehwirtschaft in Deutschland 2011/2012. Berlin: VISTAS Verlag.

Castendyk, Oliver / Keil, Klaus (2005): Angemessene Bedingungen zwischen Fernsehveranstaltern und -produzenten in Österreich. Ein Beitrag zur Revision der RTR-Förderrichtlinie. Potsdam: EPI – Erich Pommer Institut (Schriftenreihe der Rundfunk und Telekom Regulierungs-GmbH, 1). Online unter: https://www.rtr.at/de/inf/SchriftenreiheNr12005/3111_Band1_2005.pdf [25.10.2018].

Castendyk, Oliver / Keil, Klaus / Wickleder, Andrea (2005): Möglichkeiten rechtlicher Regulierung zugunsten der Film- und Fernsehproduzenten in Nordrhein-Westfalen. Gutachten im Auftrag der Landesanstalt für Medien. Potsdam. Online unter: https://www.medienanstalt-nrw.de/fileadmin/lfm-nrw/Pressemeldungen/medienrat-dok6.pdf [31.10.2018].

Castendyk, Oliver / Müller, Juliane (2011): Kino- und Fernsehproduktionen für Kinder und Jugendliche in Deutschland. Hamburg: Hamburg Media School.

Chute Corporation (2016): 2016 Influencer Marketing Report. Online unter: http://www2.getchute.com/l/16442/fluencer-marketing-report-2016/35jbtk.

CMS (2014): Der Produzentenmarkt in Großbritannien. Feststellungen zur Marktstruktur nach den „Terms of Trade".

CNC – Centre national du cinéma et de l'image animée (2011): Le marché de l'animation en 2010. Télévision et cinéma, production, diffusion, audience. Paris. Online unter: https://www.cnc.fr/documents/36995/151812/le+march %C3 %A9 +de+l %27animation+en+2010.pdf/c325a241-3356-6bac-6e88-25bf24662249 [31.10.2018].

CNC – Centre national du cinéma et de l'image animée (2012a): Cinema and television: financial connections may 2012.

CNC – Centre national du cinéma et de l'image animée (2012b): L'emploi dans les entreprises de fiction télévisuelle. Entreprises actives entre 2004 et 2010. Paris. Online unter: https://www.cnc.fr/documents/36995/153269/l %E2 %80 %99emp loi+dans+les+entreprises+de+fiction+t %C3 %A9l %C3 %A9visuelle.pdf/d6c-0d67a-0b58-2a75-3e32-c317d565bc17 [31.10.2018].

CNC – Centre national du cinéma et de l'image animée (2012c): La production audiovisuelle aidée en 2011. Paris. Online unter: https://www.cnc.fr/documents/36995/153269/la+production+audiovisuelle+aid %C3 %A9e+en+2011.pdf/c0014dc8-1b5c-ba25-b929-cb97dc2acf1a [31.10.2018].

CNC – Centre national du cinéma et de l'image animée (2012d): Les coûts de production des films en 2011. Films d'initiative française ayant reçu l'agrément de production en 2011. Paris. Online unter: https://www.cnc.fr/documents/36995/153269/les+co %C3 %BBts+de+production+des+films+en+2011.pdf/3dd7f5e9-414c-523c-a83e-8065496b2a36 [31.10.2018].

CNC – Centre national du cinéma et de l'image animée (2013): Results 2012. Films, television programs, production, distribution, exhibition, exports, video, new media. Paris.

CNC – Centre national du cinéma et de l'image animée (2014): Results 2013. Films, television programs, production, distribution, exhibition, exports, video, new media. Paris.

CNC – Centre national du cinéma et de l'image animée (2015): Results 2014. Films, television programs, production, distribution, exhibition, exports, video, new media. Paris.
CNC – Centre national du cinéma et de l'image animée (2015): Results 2015. Films, television programs, production, distribution, exhibition, exports, video, new media. Paris.
CNC – Centre national du cinéma et de l'image animée (2017): Results 2016. Films, television programs, production, distribution, exhibition, exports, video, new media. Paris.
CNC – Centre national du cinéma et de l'image animée (2018a): Les principaux chiffres du cinéma en 2017. Paris. Online unter: https://www.cnc.fr/documents/36995/153434/Les+principaux+chiffres+du+cin %C3 %A9ma+en+2017.pdf/1a67ee0d-d4d8-4039-002b-9acc3ed5a4ef [02.11.2018].
CNC – Centre national du cinéma et de l'image animée (2018b): Results 2017. Films, television programs, production, distribution, exhibition, exports, video, new media. Paris. Online unter: https://www.cnc.fr/web/en/publications/results-2017_557488 [09.11.2018].
Constantin Film (2018): Hager Moss wird Teil der Constantin Film-Familie. Pressemitteilung, 27.06.2018. Online unter: https://www.presseportal.de/pm/12946/3981903 [26.10.2018].
Covington, William G. (1994): The Financial Interest and Syndication Rule in retrospect: history and analysis. In: Communications and the Law (6), 189 ff.
Creative Skillset (2009): 2009 Employment Census. The results of the seventh Census of the Creative Media Industries. London. Online unter: https://www.screenskills.com/media/1414/2009_employment_census_of_the_creative_media_industries.pdf [31.10.2018].
CSA – Conseil supérieur de l'audiovisuel (2017): Étude sur le tissu économique du secteur de la production audiovisuelle. 2016-2017. Online unter: https://www.audiens.org/files/live/sites/siteAudiens/files/03_documents/groupe/CSA-Etude-economie-production-audiovisuelle-2016-2017.pdf [05.10.2018].
DIT – Department of Trade and Industry / DCMS – Department of Culture, Media and Sport (2000): A New Future for Communiations. (Communications White Paper). London, 2000.
Destatis – Statistisches Bundesamt (2008): Klassifikation der Wirtschaftszweige, Ausgabe 2008 (WZ 2008). Online unter: https://www.destatis.de/DE/Publikationen/Verzeichnis/KlassifikationWZ08_3100100089004.pdf?__blob=publicationFile [26.10.2018].
Destatis – Statistisches Bundesamt (2009): Unternehmen und Arbeitsstätten. Kostenstruktur bei audiovisuellen Dienstleistungen. 2006. Wiesbaden. Online unter: https://www.destatis.de/DE/Publikationen/Thematisch/DienstleistungenFinanzdienstleistungen/KostenStruktur/KostenstrukturaudioDienstleistung2020169069004.pdf?__blob=publicationFile [12.11.2011].
Destatis – Statistisches Bundesamt (2012): Umsatzsteuerstatistik (Voranmeldungen) 2010. Wiesbaden.
Destatis – Statistisches Bundesamt (2013): Umsatzsteuerstatistik (Voranmeldungen) 2011. Wiesbaden.
Destatis – Statistisches Bundesamt (2014): Umsatzsteuerstatistik (Voranmeldungen) 2012. Wiesbaden.
Destatis – Statistisches Bundesamt (2015): Umsatzsteuerstatistik (Voranmeldungen) 2013. Wiesbaden.
Destatis – Statistisches Bundesamt (2016): Umsatzsteuerstatistik (Voranmeldungen) 2016. Wiesbaden.

Destatis – Statistisches Bundesamt (2016): Umsatzsteuerstatistik (Voranmeldungen) 2014. Wiesbaden.

Destatis – Statistisches Bundesamt (2017): Umsatzsteuerstatistik (Voranmeldungen) 2015. Wiesbaden.

Destatis – Statistisches Bundesamt (2018): Umsatzsteuerstatistik (Voranmeldungen) 2016. Wiesbaden.

DIW – Deutsches Institut für Wirtschaftsforschung (2002): Film- und Fernsehwirtschaft in Deutschland 2000/2001. Studie im Auftrag der Direktorenkonferenz der Landesmedienanstalten (DLM). Berlin (Schriftenreihe der Landesmedienanstalten, 26).

Eder, Dieter / Keil, Klaus (2002): Finanzierung von Film- und Fernsehwerken. Berlin: VISTAS Verlag.

Fashion Beauty Monitor & Econsultancy (2016): The Voice of the Influencer. London. Online unter: https://www.fashionmonitor.com/article/ZQ/The-Voice-of-the-Influencer/3 [31.10.2018].

FFA – Filmförderungsanstalt (2011): Geschäftsbericht 2010. Berlin. Online unter: https://www.ffa.de/download.php?f=d763cd9f67024f90ac86db6e909420b4&target=0 [01.11.2019].

FFA – Filmförderungsanstalt (2012a): FFA info. Zahlen aus der Filmwirtschaft. 1/2012 [01.11.2018].

FFA – Filmförderungsanstalt (2012b): Geschäftsbericht 2011. Berlin. Online unter: https://www.ffa.de/download.php?f=c3e70c275f064867cf4427fa860d18f2&target=0 [01.11.2018].

FFA – Filmförderungsanstalt (2016): Förderungen 2015. Berlin. Online unter: https://www.ffa.de/download.php?f=5bdaeb36c7458411b8e051cd98250c37&target=0 [05.11.2018].

FFA – Filmförderungsanstalt (2017a): FFA info. Zahlen aus der Filmwirtschaft. 1/2017. Berlin. Online unter: https://www.ffa.de/download.php?f=eceda788e87a96289a6ce163d98c845f&target=0 [31.10.2017].

FFA – Filmförderungsanstalt (2017b): Förderungen 2016. Berlin. Online unter: https://www.ffa.de/download.php?f=d430412de266c75dd47d2bfc9b22f1a7&target=0 [05.11.2018].

FFA – Filmförderungsanstalt (2018a): FFA info. Zahlen aus der Filmwirtschaft. 1/2018. Berlin. Online unter: https://www.ffa.de/download.php?f=b7e9976f763f486749637fd8cfc9715e&target=0 [31.10.2018].

FFA – Filmförderungsanstalt (2018b): Förderungen 2017. Berlin. Online unter: https://www.ffa.de/download.php?f=f3776d52f40b22fe332ff3f6df9435e6&target=0 [05.11.2018].

FFA – Filmförderungsanstalt (2018c): Geschäftsbericht 2017. Berlin. Online unter: https://www.ffa.de/download.php?f=922af0db3e607738a4d55be612f6cb6b&target=0 [01.11.2018].

FFA – Filmförderungsanstalt (2018d): Kinobesucher 2017. Strukturen und Entwicklungen auf Basis des GfK-Panels. Berlin.

FFF – FilmFernsehFonds Bayern (2012): Jahresrückblick 2011. München. Online unter: https://ecitydoc.com/downloadFile/fff-bayern-8_pdf [31.10.2018].

FFHSH – Filmförderung Hamburg Schleswig-Holstein (2011): Jahresabschluss, Lagebericht und Bestätigungsvermerk für das Geschäftsjahr vom 1. Januar 2010 bis zum 31. Dezember 2010 der Filmförderung Hamburg/Schleswig-Holstein GmbH. Hamburg. Online unter: https://www.ffhsh.de/download/97_Sonstiges/FFHSH_Bilanz_und_Lagebericht_2010.pdf [31.10.2018].

Film und Medien Stiftung NRW (2012): Jahresbericht 2011. Düsseldorf. Online unter: https://www.filmstiftung.de/app/uploads/2016/01/ausgabe.pdf [01.11.2018].

Film und Medienstiftung NRW (2017): Medienland NRW. Der Medienstandort Nordrhein-Westfalen in Branchenportraits. Düsseldorf. Online unter: http://online.fliphtml5.com/zpmu/vrca/#p=23 [01.11.2018].

FORMATT-Institut (2010): Zehn Jahre Film- und Fernsehproduktion in Deutschland. Eine Langzeitstudie des Formatt-Instituts über die Produktionsjahre 1999 bis 2008. Dortmund. Online unter: https://www.land.nrw/sites/default/files/asset/document/formatt-langzeitstudie_1999-2008.pdf [01.11.2018].

FORMATT-Institut (2012): Film- und Fernsehproduktion in Nordrhein-Westfalen im Vergleich zu anderen Bundesländern 2009 und 2010. Dortmund. Online unter: https://www.mbei.nrw/sites/default/files/asset/document/formattstudie2012film-fernsehproduktion.pdf [01.11.2018].

FORMATT-Institut (2018): Film- und Fernsehproduktion in Nordrhein-Westfalen im Vergleich zu anderen Bundesländern 2015 und 2016. Dortmund. Online unter: https://www.land.nrw/sites/default/files/asset/document/formatt-studie_film-_und_fernsehproduktion_2015-2016.pdf [25.10.2018].

FRAPA – The Format Recognition and Protection Association (2011): The Frapa Report 2011. Protecting Format Rights. Köln. Online unter: https://www.frapa.org/wp-content/uploads/Report/FINAL %20FRAPA_Report_2011.pdf [02.11.2018].

Gasmia, Fabian (2008): Kinofilmproduktion in Deutschland und Frankreich ein Systemvergleich. Potsdam: Hochschule für Film und Fernsehen „Konrad Wolf".

Goldmedia (2016): Pay-VOD in Germany – Forecast 2016-2023. Berlin.

Goldmedia (2017): Web-TV-Monitor 2017: Onlinevideo-Angebote in Deutschland. Online unter: www.webtvmonitor.de/wp-content/uploads/2017/11/BLM_LFK_Goldmedia-Web-TV-Monitor-2017.pdf [01.11.2018].

Goldmedia (2018a): Marktstudie Influencer Marketing in der Region DACH. Berlin.

Goldmedia (2018b): Pay-VOD in Germany – Forecast 2018-2023. Berlin. Online unter: https://www.goldmedia.com/fileadmin/goldmedia/2015/Studien/2018/VoD_Forecast/180604_Goldmedia_Video-on-demand_Forecast_Germany_2018_sample.pdf [25.10.2018].

Goldmedia (2018c): VoD-Ratings Germany. Q1/2018. Berlin.

Goldmedia (2018d): VoD-Ratings Germany. Q2/2018. Berlin.

Goldmedia (2018e): VoD-Ratings Germany. Q3/2018. Berlin.

Goldmedia / Hamburg Media School (HMS) / DIW Econ (2017): Wirtschaftliche Bedeutung der Filmindustrie in Deutschland. Studie im Auftrag des BMWi – Bundesministeriums für Wirtschaft und Energie.

Hartstein, Reinhard / Ring, Wolf-Dieter / Kreile, Johannes / Dörr, Dieter / Stettner, Rupert / Cole, Marc D. (2012): Rundfunkstaatsvertrag. Kommentar zum Staatsvertrag Rundfunk und Telemedien (RStV) und zum Jugendmedienschutz-Staatsvertrag (JMStV). Heidelberg: Rehm-Verlag.

Hashoff (2017): Influencer Marketer. A #Hashoff State of the Union Report. Online unter: http://www.hashoff.com/wp-content/uploads/2017/04/A-HASHOFF-State-of-the-Union-Report.pdf [24.10.2018].

Heinrich, Jürgen (2001): Medienökonomie. Mediensystem, Zeitung, Zeitschrift, Anzeigenblatt. 2. Aufl. Wiesbaden: Springer VS (1).

Hess, Thomas / Schulze, Bernd (2003): Mehrfachnutzung von Inhalten in der Medienindustrie. Grundlagen, Varianten und Herausforderungen. In: Klaus-Dieter Altmeppen und Matthias Karmasin (Hrsg.): Problemfelder der Medienökonomie. 3 Bände. Wiesbaden: Springer VS (Medien und Ökonomie, 2), S. 41–62.

HMR International (2000): Fernsehmarkt Deutschland: Strukturen der TV-Produktion. Köln.

Immenga, Ulrich; Mestmäcker, Ernst-Joachim (Hrsg.) (2007a): Wettbewerbsrecht. 4. Aufl. 3 Bände. München: Verlag C. H. Beck (2).
Immenga, Ulrich; Mestmäcker, Ernst-Joachim (Hrsg.) (2007b): Wettbewerbsrecht: EU. 4. Aufl. 3 Bände. München: Verlag C. H. Beck (1).
KEF – Kommission zur Ermittlung des Finanzbedarfs der Rundfunkanstalten (2005): 15. KEF-Bericht. Band 1. Mainz. Online unter: https://kef-online.de/fileadmin/KEF/Dateien/Berichte/15._Bericht-Band_I.pdf [01.11.2018].
KEF – Kommission zur Ermittlung des Finanzbedarfs der Rundfunkanstalten (2005): 15. KEF-Bericht. Band 2. Mainz. Online unter: https://kef-online.de/fileadmin/KEF/Dateien/Berichte/15._Bericht-Band_II.pdf [01.11.2018].
KEF – Kommission zur Ermittlung des Finanzbedarfs der Rundfunkanstalten (2007): 16. Bericht. Mainz. Online unter: https://kef-online.de/fileadmin/KEF/Dateien/Berichte/16._Bericht.pdf [01.11.2018].
KEF – Kommission zur Ermittlung des Finanzbedarfs der Rundfunkanstalten (2009): 17. Bericht. Mainz. Online unter: https://kef-online.de/fileadmin/KEF/Dateien/Berichte/17._Bericht.pdf [01.11.2018].
KEF – Kommission zur Ermittlung des Finanzbedarfs der Rundfunkanstalten (2011): 18. Bericht. Mainz. Online unter: https://kef-online.de/fileadmin/KEF/Dateien/Berichte/18._Bericht.pdf [01.11.2018].
KEF – Kommission zur Ermittlung des Finanzbedarfs der Rundfunkanstalten (2014): 19. Bericht. Mainz. Online unter: https://kef-online.de/fileadmin/KEF/Dateien/Berichte/19._Bericht.pdf [01.11.2018].
KEF – Kommission zur Ermittlung des Finanzbedarfs der Rundfunkanstalten (2016): 20. Bericht. Mainz. Online unter: https://kef-online.de/fileadmin/KEF/Dateien/Berichte/20._Bericht.pdf [01.11.2018].
KEF – Kommission zur Ermittlung des Finanzbedarfs der Rundfunkanstalten (2018): 21. Bericht. Mainz. Online unter: https://kef-online.de/fileadmin/KEF/Dateien/Berichte/21._Bericht.pdf [01.11.2018].
Kiefer, Marie-Luise (1989): Medienkomplementarität und Medienkonkurrenz. Notizen zum weitgehend ungeklärten „Wettbewerbsverhältnis“ der Medien. In: Kölner Zeitschrift für Soziologie und Sozialpsychologie (Sonderheft 30), S. 337–350.
Koch, Wolfgang / Frees, Beate (2018): ARD/ZDF-Onlinestudie 2018: Zuwachs bei medialer Internetnutzung und Kommunikation. In: Media Perspektiven (9), S. 398–413. Online unter: https://www.ard-werbung.de/fileadmin/user_upload/media-perspektiven/pdf/2018/0918_Frees_Koch.pdf [25.10.2018].
Kupferschmitt, Thomas (2018): Ergebnisse der ARD/ZDF-Onlinestudie 2018. Onlinevideo-Reichweite und Nutzungsfrequenz wachsen, Altersgefälle bleibt. In: Media Perspektiven (9), S. 427–437. Online unter: https://www.ard-werbung.de/fileadmin/user_upload/media-perspektiven/pdf/2018/0918_Kupferschmitt.pdf [07.11.2018].
Linqia (2017): The State of Influencer Marketing 2017. A look into how brands and agencies view the future of influencer marketing. San Francisco. Online unter: http://www.linqia.com/wp-content/uploads/2016/11/The-State-of-Influencer-Marketing-2017_Final-Report.pdf [24.10.2018].
MacPherson, Robin (2010): Is bigger better? Film success in small countries – the case of Scotland, Ireland and Denmark. Edinburgh Napier University, Edinburgh. Online unter: https://www.napier.ac.uk/~/media/worktribe/output-208629/isbiggerbetterrmacpherson31may2010pdf.pdf [01.11.2018].

Medienboard Berlin-Brandenburg (2012): Medien und Kreativwirtschaft in Berlin-Brandenburg. Berlin. Online unter: https://digital.zlb.de/viewer/rest/image/15516150/Standortbroschuere_2012.pdf/full/max/0/Standortbroschuere_2012.pdf [01.11.2018].

Medienboard Berlin-Brandenburg (2013): medien.barometer berlinbrandenburg 2012/13. Berlin.

Medienboard Berlin-Brandenburg (2014): Film- und Fernsehproduktion in Berlin-Brandenburg. Untersuchung des Standorts im regionalen Vergleich. Berlin. Online unter: https://www.medienboard.de/fileadmin/user_upload/pdf/Publikationen/Film-_und_Fernsehproduktion_in_Berlin-Brandenburg_2014.pdf [01.11.2018].

Medienboard Berlin-Brandenburg (2018): medien.barometer berlinbrandenburg 2018. Arbeit 4.0. Berlin. Online unter: https://www.medienboard.de/fileadmin/user_upload/medien.barometer_berlinbrandenburg_2018.pdf [01.11.2018].

Mikos, Lothar / Kammholz, Anna Tasja / Jakisch, Anna (2012): Filmförderung 2012. Eine Bestandsaufnahme. Potsdam.

Möschel, Wernhard (2007). In: Ulrich Immenga und Ernst-Joachim Mestmäcker (Hrsg.): Wettbewerbsrecht: EU. 4. Aufl. 3 Bände. München: Verlag C. H. Beck (1).

OBS – European Audiovisual Observatory (2010): Focus 2010. World Film Market Trens. Strasbourg.

Ofcom – Office of Communications (2015): Review of the operation of the television production sector. A report for the Secretary of State for Culture, Media & Sport. London. Online unter: https://www.ofcom.org.uk/__data/assets/pdf_file/0028/82684/tv_production_sector_review.pdf [05.11.2018].

Oliver & Ohlbaum (2011): The role of terms of trade in the development of the UK independent production sector: A Report for Pact. London.

Oliver & Ohlbaum (2017): UK Television Production Survey. Financial Census 2017. A report by Oliver & Ohlbaum Associates Ltd for Pact. London. Online unter: www.pact.co.uk/asset/2D0DD977 %2D4236 %2D4764 %2D9318FC36A3629246 [12.11.2018].

ONS – Office for National Statistics (2016): British Film Industry 2015.

ONS – Office for National Statistics (2018): Annual Business Survey: UK non-financial business economy, 2016 revised results. London. Online unter: https://www.ons.gov.uk/businessindustryandtrade/business/businessservices/bulletins/uknonfinancialbusinesseconomy/2016revisedresults/pdf [12.11.2018].

Österreichisches Filminstitut (2011): Filmwirtschaftbericht 2011. Wien. Online unter: https://www.filminstitut.at/de/view/files/download/forceDownload/?tool=31&feld=datei&sprach_connect=5 [01.11.2018].

Oxford Economics (2007): The Economic Impact of the UK Film Industry. Oxford. Online unter: https://bfi.org.uk/sites/bfi.org.uk/files/downloads/economic-impact-of-the-uk-film-industry-2007.pdf [01.11.2018].

Oxford Economics (2010): The Economic Impact of the UK Film Industry. Oxford.

Produzentenallianz (2010): Produzentenallianz und ZDF vereinbaren „Eckpunkte der vertraglichen Zusammenarbeit bei Auftragsproduktionen". Pressemitteilung, 28.10.2010. Online unter: https://www.produzentenallianz.de/pressemitteilungen/pressemitteilungen/inhalte-pressemitteilungen/produzentenallianz-und-zdf-vereinbaren-eckpunkte-der-vertraglichen-zusammenarbeit-bei-auftragsproduktionen.html [26.10.2018].

ProSiebenSat.1 Group (2008): Geschäftsbericht 2007. Online unter: https://www.prosiebensat1.com/uploads/2015/11/03/gb07_de.pdf [02.11.2018].

ProSiebenSat.1 Group (2009): Geschäftsbericht 2008. Online unter: https://www.prosiebensat1.com/uploads/2015/11/03/gb08_de.pdf [02.11.2018].

ProSiebenSat.1 Group (2010): Geschäftsbericht 2009. Online unter: http://reports2.equitystory.com/prosiebensat1/annual/2009/gb/German/pdf/report.pdf [02.11.2018].

ProSiebenSat.1 Group (2011): Geschäftsbericht 2010. Online unter: https://www.prosiebensat1.com/uploads/2015/11/03/gb10_de.pdf [02.11.2018].

ProSiebenSat.1 Group (2012): Geschäftsbericht 2011. Online unter: http://prosiebensat1.unternehmensberichte.net/prosiebensat1/annual/2011/gb//German/pdf/report.pdf [02.11.2018].

ProSiebenSat.1 Media SE (2017): Resarch Facts: TV Usage. Online unter: https://www.prosiebensat1.de/uploads/2017/12/07/03_CMD_2017_Entertainment.pdf [09.11.2018].

PwC – PricewaterhouseCoopers (2011): German Entertainment and Media Outlook: 2011-2015. Frankfurt am Main.

RTL Group (2008): Full year results 2007. Online unter: http://www.rtlgroup.com/files/pdf1/2008_03_RTL_Group_FY_2007_Presentation.pdf [02.11.2018].

RTL Group (2009): Full year results 2008. Online unter: http://www.rtlgroup.com/files/pdf1/2009_03_RTL_Group_FY_2008_Presentation.pdf [02.11.2018].

RTL Group (2010): Full year results 2009. Online unter: http://www.rtlgroup.com/files/pdf1/2010_03_RTL_Group_FY_Results_2009.pdf [02.11.2018].

RTL Group (2011): Full year results 2010. Online unter: http://www.rtlgroup.com/files/pdf1/2011_03_RTL_Group_FY_2010_Analyst_presentation.pdf [02.11.2018].

RTL Group (2012): Full year Results 2011. Online unter: http://www.rtlgroup.com/files/pdf1/2012_03_RTL_Group_FY_2011_Analyst_Presentation.pdf [02.11.2018].

Schnell, Rainer / Hill, Paul B. / Esser, Elke (2005): Methoden der empirischen Sozialforschung. 7. Aufl. München: Oldenbourg.

Schwarz, Mathias / Hansen, Gert (2011): Der Produzent als (Mit-)Filmurheber – Plädoyer für die Anerkennung eines Urheberrechts des Kreativproduzenten. In: GRUR – Gewerblicher Rechtsschutz und Urheberrecht. München: C.H. Beck (2).

Senatsverwaltung für Wirtschaft und Technologie (2014): Dritter Kreativwirtschaftsbericht. Berlin. Online unter: https://www.berlin.de/sen/kultur/kulturpolitik/kulturwirtschaft/dritter_kreativwirtschaftsbericht.pdf [01.11.2018].

Seufert, Wolfgang / Wilhelm, Claudia (2013): Wie stark verdrängen oder ergänzen sich (neue und alte) Medien? In: Hans-Bredow-Institut für Medienforschung an der Universität Hamburg (Hrsg.): M&K Medien & Kommunikationswissenschaft (61), S. 568–593.

Shapiro, Carl / Varian, Hal R. (1999): Information Rules. A Strategic Guide to the Network Economy. Boston: Harvard Business School Press.

SPIO – Spitzenorganisation der Filmwirtschaft (2011): Filmstatistisches Jahrbuch 2011. Hrsg. von Norbert P. Flechsig, Oliver Castendyk, Christiane von Wahlert, Georg Feil und Johannes Kreile. Wiesbaden [02.11.2017].

SPIO – Spitzenorganisation der Filmwirtschaft (2012): Filmstatistisches Jahrbuch 2012. Hrsg. von Norbert P. Flechsig, Oliver Castendyk, Christiane von Wahlert, Georg Feil und Johannes Kreile. Wiesbaden [02.11.2017].

SPIO – Spitzenorganisation der Filmwirtschaft (2013): Filmstatistisches Jahrbuch 2013. Hrsg. von Norbert P. Flechsig, Oliver Castendyk, Christiane von Wahlert, Georg Feil und Johannes Kreile. Wiesbaden [02.11.2017].

SPIO – Spitzenorganisation der Filmwirtschaft (2014): Filmstatistisches Jahrbuch 2014. Hrsg. von Norbert P. Flechsig, Oliver Castendyk, Christiane von Wahlert, Georg Feil und Johannes Kreile. Wiesbaden [02.11.2017].

SPIO – Spitzenorganisation der Filmwirtschaft (2015): Filmstatistisches Jahrbuch 2015. Hrsg. von Norbert P. Flechsig, Oliver Castendyk, Christiane von Wahlert, Georg Feil und Johannes Kreile. Wiesbaden [02.11.2017].

SPIO – Spitzenorganisation der Filmwirtschaft (2016): Filmstatistisches Jahrbuch 2016. Hrsg. von Norbert P. Flechsig, Oliver Castendyk, Christiane von Wahlert, Georg Feil und Johannes Kreile. Wiesbaden [02.11.2017].

SPIO – Spitzenorganisation der Filmwirtschaft (2017): Filmstatistisches Jahrbuch 2017. 1. Aufl. Hrsg. von Norbert P. Flechsig, Oliver Castendyk, Christiane von Wahlert, Georg Feil und Johannes Kreile. Wiesbaden (Schriftenreihe zu Medienrecht, Medienproduktion udn Medienökonomie, Band 37).

SPIO – Spitzenorganisation der Filmwirtschaft (2018): Filmstatistisches Jahrbuch 2018. 1. Aufl. Hrsg. von Norbert P. Flechsig, Oliver Castendyk, Christiane von Wahlert, Georg Feil und Johannes Kreile. Wiesbaden (Schriftenreihe zu Medienrecht, Medienproduktion udn Medienökonomie, Band 39).

Sydow, Jörg; Windeler, Arnold (Hrsg.) (2001): Steuerung von Netzwerken. Konzepte und Praktiken. Wiesbaden: Springer VS.

UK Film Council (2009): Film in the UK: A Briefing Paper. London. Online unter: https://www.bfi.org.uk/sites/bfi.org.uk/files/downloads/film-in-the-uk-briefing-2009-08-21.pdf [02.11.2018].

Vogel, Harold L. (2007): Entertainment Industry Economics. A Guide For Financial Analysis. Cambridge: Cambridge University Press.

Von Hartlieb, Holger; Schwarz, Mathias (Hrsg.) (2004): Handbuch des Film-, Fernseh- und Videorechts. München: Verlag C. H. Beck.

Vuelio (2017): UK Bloggers Survey 2017. London. Online unter: http://www.vuelio.com/uk/wp-content/uploads/2017/09/UK-Bloggers-Survey-2017-1.pdf [24.10.2018].

Wandtke, Artur-Axel / Bullinger, Winfried (Hrsg.) (2009): Praxiskommentar zum Urheberrecht. 3. Aufl. München: Verlag C. H. Beck.

WDR – Westdeutscher Rundfunk (2017): Bericht gemäß § 5a, Abs. 2 WDR-Gesetz: Auftrags- und Koproduktionen mit unabhängigen und abhängigen ProduzentInnen 2017. Köln. Online unter: https://www1.wdr.de/unternehmen/der-wdr/unternehmen/wdr-produzentenbericht-2017-100.pdf [12.11.2018].

Windeler, Arnold / Lutz, Anja / Wirth, Carsten (2001): Netzwerksteuerung durch Selektion. Die Produktion von Fernsehserien in Projektnetzwerken. In: Jörg Sydow und Arnold Windeler (Hrsg.): Steuerung von Netzwerken. Konzepte und Praktiken. Wiesbaden: Springer VS, S. 178–205. Online unter: https://montage-av.de/pdf/101_2001/10_1_Arnold_Windeler_Anja_Lutz_Carsten_Wirth_Netzwerksteuerung.pdf [24.10.2018].

Zabel, Christian (2009): Wettbewerb im Deutschen TV-Produktionssektor: Produktionsprozesse, Innovationsmanagement und Timing-Strategien. Wiesbaden: VS Springer.

ZAW – Zentralverband der deutschen Werbewirtschaft (2012): Werbung in Deutschland 2012. Berlin.

N.I.2. Zeitungs- und Zeitschriftenartikel, Online-Quellen

ARD – Arbeitsgemeinschaft der öffentlich-rechtlichen Rundfunkanstalten der Bundesrepublik Deutschland: Selbstverpflichtungserklärung zur Protokollerklärung aller Länder zu § 6 des Rundfunkstaatsvertrages (2010b). Online unter: http://www.ard.de/download/398070/Selbstverpflichtungserklaerung_zur_Protokollerklaerung_aller_Laender_zu___6_des_Rundfunkstaatsvertrages.pdf [26.10.2018].

ARD – Arbeitsgemeinschaft der öffentlich-rechtlichen Rundfunkanstalten der Bundesrepublik Deutschland / Degeto Film (2015): Eckpunkte 2.0. Eckpunkte für ausgewogene Vertragsbedingungen und eine faire Aufteilung der Verwertungsrechte bei produktionen für die Genres Fiktion, unterhaltung und Dokumentation, 22.12.2015. Online unter: https://www.produzentenallianz.de/fileadmin/data/dokumente/Offizielle_Dokumente/ARD-Eckpunkte_2-0.pdf [09.11.2018].

ARD – Arbeitsgemeinschaft der öffentlich-rechtlichen Rundfunkanstalten der Bundesrepublik Deutschland (2018): Tatort im Ersten. Der 1970 gestartete Tatort ist die am längsten laufende und die beliebteste Krimireihe im deutschen Sprachraum. Stuttgart. Online unter: http://www.ard.de/home/die-ard/fakten/Ausgaben_fuer_den_Tatort_im_Ersten/268908/index.html [26.10.2018].

Bauer, Wolf (2002). In: promedia 5, 2002.

Blickpunkt:Film (2016): Sat.1 kündigt TV-Movie-Offensive an. In: Blickpunkt:Film, 09.06.2016. Online unter: http://www.mediabiz.de/film/news/sat-1-kuendigt-tv-movie-offensive-an/407976 [12.11.2018].

Deoras, Srishti (2017): How Netflix and its competitors are relying on analytics? In: Analytics India Magazine, 17.02.2017. Online unter: https://www.analyticsindiamag.com/netflix-competitors-relying-analytics/ [09.11.2018].

dpa (2018): EU-Kommission erlaubt Fox-Übernahme durch Disney unter Auflagen. Agenturmeldung, 06.11.2018. Online unter: https://www.handelsblatt.com/unternehmen/it-medien/medienbranche-eu-kommission-erlaubt-fox-uebernahme-durch-disney-unter-auflagen/23585808.html?ticket=ST-23376-fdxAzdeb3AVwmf2cEbMF-ap1 [15.11.2018].

Gebhardt, Jens (2018): YouTube präsentiert seine deutschen Originals. In: Goldene Kamera, 12.09.2018. Online unter: https://www.goldenekamera.de/digitalaward/news/article215312265/YouTube-praesentiert-seine-deutschen-Originals.html [26.10.2018].

Hegedus, Kayla (2018): Does Broadcast Still Have a Chance in the Battle for Popular Scripted Series? In: Cablefax 03.04.2018. Online unter: http://www.cablefax.com/programming/does-broadcast-still-have-a-chance-in-the-battle-for-popular-scripted-series [26.10.2018].

IfM – Institut für Medien- und Kommunikationspolitik (2012): Ranking - Die zehn größten deutschen Produktionsfirmen 2012. Online unter: https://www.mediadb.eu/rankings/dt-tv-produktionsfirmen.html [25.10.2018].

ITV: ITV acquires The Voice creator Talpa Media. Pressemitteilung, 12.03.2015. Online unter: https://www.itv.com/presscentre/press-releases/itv-acquires-voice-creator-talpa-media [15.11.2018].

Jain, Aman (2016): Netflix, Inc. Reveals A Big Secret On How It Measures Success. In: ValueWalk, 02.02.2016. Online unter: www.valuewalk.com/2016/02/netflix-secret-measures-success [26.10.2018].

Kloo, Andreas (2015): Mega-Merger: Banijay und Zodiak fusionieren. In: Blickpunkt:Film, 28.07.2015. Online unter: http://beta.blickpunktfilm.de/details/397451 [15.11.2018].

Krei, Alexander / Lückerath, Thomas (2017): Expansion in Deutschland: Keshet übernimmt Tresor. In: DWDL.de, 03.04.2017. Online unter: https://www.dwdl.de/miptv2017/60867/expansion_in_deutschland_keshet_bernimmt_tresor/ [15.11.2018].

Lückerath, Thomas (2014): Deal: Endemol, Shine und Core Media fusionieren. In: DWDL.de, 10.10.2014. Online unter: https://www.dwdl.de/mipcom2014/48004/beschlossen_endemol_shine_und_core_media_fusionieren/ [15.11.2018].

Lückerath, Thomas (2016): RTL 16/17: Neue Shows und sechs Serien-Piloten. In: DWDL.de, 30.08.2016. Online unter: https://www.dwdl.de/nachrichten/57423/rtl_1617_neue_shows_und_sechs_serienpiloten/page_1.html [12.11.2018].

Lückerath, Thomas (2018): Netflix-Offensive: Fünf neue deutsche Originals angekündigt. In: DWDL.de, 25.10.2018. Online unter: https://www.dwdl.de/nachrichten/69442/netflixoffensive_fuenf_neue_deutsche_originals_angekuendigt/ [16.11.2018].a

McAlone, Nathan (2016): How Netflix measures success. In: Business Insider, 01.02.2016. Online unter: https://www.businessinsider.com/netflixs-most-important-metric-2016-2?IR=T [09.11.2018].

Patel, Neil (2018): How Netflix Uses Analytics To Select Movies, Create Content, and Make Multimillion Dollar Decisions. In: Neil Patel (Blog), 2018. Online unter: https://neilpatel.com/blog/how-netflix-uses-analytics [09.11.2018].

Pauker, Manuela (2018): Hager Moss dockt bei Constantin Film an. In: W&V, 27.06.2018. Online unter: https://www.wuv.de/medien/hager_moss_dockt_bei_constantin_film_an [15.11.2018].

Produzentenallianz (2009): Neugestaltung der Beziehungen zwischen Produzenten und der ARD, 02.12.2009. Online unter: https://www.produzentenallianz.de/pressemitteilungen/pressemitteilungen/inhalte-pressemitteilungen/neugestaltung-derbeziehungen-zwischen-produzenten-und-der-ard.html [26.10.2018].

Produzentenallianz (2017): Die Lage verbessert sich. Pressemitteilung, 08.12.2017. Online unter: https://www.produzentenallianz.de/pressemitteilungen/pressemitteilungen/inhalte-pressemitteilungen/produzentenallianz-herbstumfrage-2017-die-lage-verbessert-sich.html [26.10.2018].

Reischl, Julian (2018): Honorarstandards für Fernsehkameraleute. So müsste ich eigentlich mein Honorar kalkulieren. In: FILM & TV KAMERAMANN, 23.08.2018. Online unter: https://www.kameramann.de/branche/so-muesste-ich-eigentlich-mein-honorar-kalkulieren [26.10.2018].

Renner, Kai-Hinrich (2018): RTL-Chefin Anke Schäferkordt will das digitale Angebot der Sendergruppe deutlich ausbauen. Dabei denkt sie auch an neue Kooperationen. In: Berliner Morgenpost, 08.07.2018. Online unter: https://www.morgenpost.de/wirtschaft/article214776883/RTL-Chefin-Ich-bin-von-der-Politik-masslos-enttaeuscht.html [26.10.2018].

Sagatz, Kurt (2012): Zehn Jahre Münster-„Tatort". In: Tagesspiegel, 25.11.2012. Online unter: https://www.tagesspiegel.de/medien/zehn-jahre-muenster-tatort-jan-josef-liefers-sollte-gar-nicht-boerne-spielen/7433942.html [08.11.2018].

Sagatz, Kurt (2017): ARD verteidigt Kooperation mit Sky bei „Babylon Berlin". In: Tagesspiegel, 17.11.2017. Online unter: https://www.tagesspiegel.de/medien/junge-zuschauer-im-blick-ard-verteidigt-kooperation-mit-sky-bei-babylon-berlin/20600122.html [26.10.2018].

Schwegler, Petra (2018): ProSiebenSat.1 geht den RTL-Weg. US-Fiction kann ProSieben & Co. nicht mehr helfen. Jetzt diktiert Aufsichtsratschef Werner Brandt in der SZ den Weg zurück zu deutschen (Eigen-)Produktionen. In: W&V, 15.05.2018. Online unter: https://www.wuv.de/medien/prosiebensat_1_geht_den_rtl_weg [09.11.2018].

Simon, Phil (2014): Big Data Lessons From Netflix. In: Wired, 2014. Online unter: https://www.wired.com/insights/2014/03/big-data-lessons-netflix/ [09.11.2018].

Seewald, Jörg (2012): Sparmaßnahmen bei Fernsehfilmen. „Das ist mörderisch". In: Süddeutsche Zeitung, 02.08.2012. Online unter: https://www.sueddeutsche.de/medien/sparmassnahmen-bei-fernsehfilmen-das-ist-moerderisch-1.1429234 [08.11.2018].

Telegraph Reporters (2016): The Crown: all you need to know about Netflix's £100 million series, from the ,shocking' first scene to Matt Smith's topless rowing. In: The Telegraph, 14.10.2016. Online unter: https://www.telegraph.co.uk/on-demand/2016/10/14/the-crown-all-you-need-to-know-about-netflixs-100-million-series/ [26.10.2018].

Televisual (2017): Production 100, 2017. Online unter: http://www.televisual.com/read-reports-surveys/59/Production-100-2017.html [26.10.2018].

Weis, Manuel (2015): Aus Eyeworks wird Warner Bros. In: Quotenmeter, 23.04.2015. Online unter: http://www.quotenmeter.de/n/77779/aus-eyeworks-wird-warner-bros [15.11.2018].

ZDF – Zweites Deutsches Fernsehen: Selbstverpflichtungserklärung des ZDF 2017-2018. Online unter: http://ly.zdf.de/Eoc/ [26.10.2018].

ZDF – Zweites Deutsches Fernsehen (2011): ZDF-Jahrbuch 2010. Mainz. Online unter: http://www.zdf-jahrbuch.de/2011/index.php [02.11.2018].

ZDF – Zweites Deutsches Fernsehen (2017a): Selbstverpflichtungserklärung des ZDF. Mainz. Online unter: https://www.google.com/url?sa=t&rct=j&q=&esrc=s&source=web&cd=1&ved=2ahUKEwimkKuJmMfeAhXLKMAKHZKZCl4QFjAAegQICBAC&url=https %3A %2F %2Fwww.zdf.de %2Fassets %2Fselbstverpflichtungserklaerung-2017-2018-100~original&usg=AOvVaw0wQUaimEcAmKdvOcB4xPsj [09.11.2018].

ZDF – Zweites Deutsches Fernsehen (2017b): ZDF-Jahrbuch 2016. Mainz. Online unter: https://www.zdf.de/zdfunternehmen/jahrbuch-2016-100.html [02.11.2018].

ZDF – Zweites Deutsches Fernsehen (2018): Programmprofile und -kosten, 28.08.2018. Online unter: https://www.zdf.de/zdfunternehmen/transparenz-programmkosten-100.html [26.10.2018].

N.I.3. Auflösung der Weblinks

@1: bbfc – Berlin Brandenburg Film Commission. Online unter: https://www.bbfc.de [09.11.2018].

@2: crew united. Online unter: https://www.crew-united.com [09.11.2018].

@3: Deutscher Filmförderfonds (DFFF): DFFF in Zahlen. Online unter: http://www.dfff-ffa.de/index.php?dfff-in-zahlen [26.10.2018].

@4: Deutscher Filmförderfonds (DFFF): Förderzusagen. Online unter: http://www.dfff-ffa.de/index.php?foerderzusagen [26.10.2018].

@5: fchsh – Film Commission der Filmförderung Hamburg Schleswig-Holstein. Online unter: https://www.ffhsh.de/de/film_commission [09.11.2018]

@6: Goldmedia Custom Research: VoD-Ratings. Online unter: www.vod-ratings.de [26.10.2018].

@7: MDM Film Commission. Online unter: https://www.mdm-online.de [09.11.2018].

@8: mediabiz: Mediabiz Premium Datenbanken. Online unter: http://www.mediabiz.de/datenbanken [09.11.2018].

@9: Twitter: Zack Snyder, 12.05.2014. Online unter: https://twitter.com/ZackSnyder/status/465889795978194944 [05.11.2018].

@10: ZDF – Zweites Deutsches Fernsehen: Haushaltsplan 2018. Online unter: https://www.zdf.de/zdfunternehmen/jahrbuch-2017-finanzen-102.html [09.11.2018]

@11: ZDF – Zweites Deutsches Fernsehen: Programmprofile und -kosten. Übersicht. Online unter: https://www.zdf.de/zdfunternehmen/transparenz-programmkosten-100.html [11.09.2018].

N.II. Abbildungsverzeichnis

N.III. Tabellenverzeichnis

N.IV. Bilderverzeichnis

Produzentenstudie 2018

O. ANHANG

HAMBURG MEDIA SCHOOL

Umfrage zur

Produktionswirtschaft Film und Fernsehen in Deutschland

Falls Sie die Umfrage nicht online ausfüllen möchten, drucken Sie bitte den nachfolgenden Fragebogen aus, beantworten ihn schriftlich und senden ihn an:

E-Mail: umfrage@hamburgmediaschool.com
Fax: 030 / 206 70 88 – 44
Post: Forschungs- und Kompetenzzentrum Audiovisuelle Produktion
der HMS Hamburg Media School
Kronenstraße 3, 10117 Berlin

Hinweis zum Datenschutz: Ihre Daten werden streng vertraulich behandelt und nicht weitergegeben. Die Ergebnisse der Befragung werden nur in aggregierter und anonymisierter Form verwendet.

Für Rückfragen stehen wir Ihnen gerne zur Verfügung:

Christoph Witte
030 / 206 70 88 – 16
c.witte@hamburgmediaschool.com

Juliane Müller
030 / 206 70 88 – 30
juliane.mueller@hamburgmediaschool.com

Wir danken Ihnen herzlich für Ihre Unterstützung!

Hinweise zum Ausfüllen des Fragebogens

1.) **Bitte beantworten Sie alle Fragen dieses Fragebogens nur für Ihr eigenes Unternehmen!** Im Rahmen dieser Studie werden alle rechtlich selbstständigen deutschen Produktionsunternehmen einzeln befragt. Beantworten Sie daher alle Fragen immer nur in Bezug auf Ihr Unternehmen, ohne dabei Ihre Tochter- oder Mutterunternehmen zu berücksichtigen! Nur so kann sichergestellt werden, dass Daten nicht doppelt in das Ergebnis einfließen.

2.) Die meisten Fragen beziehen sich auf das **Wirtschaftsjahr 2017**.

3.) Zur sachgemäßen Beantwortung der Fragen genügen in der Regel **qualifizierte Schätzungen**!

1) Unternehmen und Umsatz

1.1) Mein Unternehmen wurde im Jahr __________ gegründet.

1.2) Ist Ihr Unternehmen mit anderen Unternehmen gesellschaftsrechtlich verflochten? Wenn ja, sind diese ebenfalls als Produktionsunternehmen aktiv? *(Mit Verflechtungen sind Tochterunternehmen oder Beteiligungen – auch über mehrere Beteiligungsebenen – gemeint.)*

❍ Nein
❍ Ja. Von diesen ist/sind _____ *(Anzahl)* als Produktionsunternehmen tätig.

1.3) Ist Ihr Unternehmen Teil eines Konzerns? Wenn ja, wo hat Ihr Mutterunternehmen seinen Sitz?

❍ Ja, wir haben ein Mutterunternehmen mit Sitz in Deutschland.
❍ Ja, wir haben ein Mutterunternehmen mit Sitz im Ausland.
❍ Nein, wir haben kein Mutterunternehmen.

1.4) Welchen Gesamtumsatz (netto) erzielte Ihr Unternehmen 2017? *(Umsatz = Gesamtbetrag der beim Unternehmen eingehenden umsatzsteuerpflichtigen Gelder sowie Fördermittel und Koproduktionsanteile abzüglich der USt.)*

a) Netto-Gesamtumsatz: ________________ €

b) Alternativ können Sie ein Cluster angeben:

❍ unter 50.000 €	❍ 500.000 € bis 1 Mio. €	❍ 25 Mio. € bis 50 Mio. €
❍ 50.000 € bis 100.000 €	❍ 1 Mio. € bis 2 Mio. €	❍ 50 Mio. € bis 100 Mio. €
❍ 100.000 € bis 150.000 €	❍ 2 Mio. € bis 5 Mio. €	❍ 100 Mio. € bis 250 Mio. €
❍ 150.000 € bis 250.000 €	❍ 5 Mio. € bis 10 Mio. €	❍ über 250 Mio. €
❍ 250.000 € bis 500.000 €	❍ 10 Mio. € bis 25 Mio. €	

1.5) In welchen Bereichen haben Sie 2017 Ihren Gesamtumsatz erzielt? In welchen Bereichen erwarten Sie für 2018/19 eine Umsatzsteigerung bzw. einen Umsatzrückgang?

Produktionsbereiche	Verteilung des Gesamtumsatzes 2017	Verteilung des Gesamtumsatzes 2018/19 (Prognose)
Kinofilm-Produktion	________ %	________ %
TV-Produktion	________ %	________ %
Werbe-/Industrie-/Imagefilm-Produktion	________ %	________ %
Straight-to-Internet-Produktion (für Erstverwertung im Internet):		
∟davon SVoD*	________ %	________ %
∟davon F-/T-/AVoD*: ____________________	________ %	________ %
Virtual-Reality-Produktion	________ %	________ %
Augmented-Reality-Produktion	________ %	________ %
Games-Produktion	________ %	________ %
Sonstiges: ____________________	________ %	________ %
Gesamt	**100 %**	**100 %**

* *SVoD (Subscription Video-on-Demand, z.B. Netflix, Amazon), FVoD (Free Video-on-Demand, z.B. funk), TVoD (Transactional Video-on-Demand, z.B. iTunes), AVoD (Advertising funded Video-on-Demand, z.B. YouTube) etc.*

1.6) Wie schätzen Sie die Bedeutung der folgenden Trends für die deutsche Produktionswirtschaft insgesamt ein und wie bewerten Sie den Einfluss auf Ihr Unternehmen?

Trend	Bedeutung für die Branche						Einfluss auf Ihr Unternehmen					
	sehr wichtig	eher wichtig	neutral	eher unwichtig	sehr unwichtig	*weiß nicht*	sehr positiv	eher positiv	neutral	eher negativ	sehr negativ	*weiß nicht*
SVoD *(z.B. Netflix, Amazon)*	❍	❍	❍	❍	❍	❍	❍	❍	❍	❍	❍	❍
TVoD *(z.B. iTunes)*	❍	❍	❍	❍	❍	❍	❍	❍	❍	❍	❍	❍
AVoD *(z.B. YouTube)*	❍	❍	❍	❍	❍	❍	❍	❍	❍	❍	❍	❍
Virtual Reality	❍	❍	❍	❍	❍	❍	❍	❍	❍	❍	❍	❍
Augmented Reality	❍	❍	❍	❍	❍	❍	❍	❍	❍	❍	❍	❍
Games	❍	❍	❍	❍	❍	❍	❍	❍	❍	❍	❍	❍
Sonstiges: ____________	❍	❍	❍	❍	❍	❍	❍	❍	❍	❍	❍	❍

1.7) Wie hoch war 2017 die von Ihrem Unternehmen erzielte Umsatzrendite? *(Umsatzrendite = Gewinn vor Steuern / Umsatz)*

❍ -5,0 % bis 0,0 % ❍ 2,5 % bis 5,0 % ❍ 10,0 % bis 12,5 % ❍ 17,5 % bis 20,0 %
❍ 0,0 % ❍ 5,0 % bis 7,5 % ❍ 12,5 % bis 15,0 % ❍ über 20,0 %
❍ 0,0 % bis 2,5 % ❍ 7,5 % bis 10,0 % ❍ 15,0 % bis 17,5 %

1.8) Wie war 2017 das Verhältnis Ihrer Inlands- und Auslandsumsätze? *(Auslandsumsätze = Umsätze, die aus der Auswertung von Produktionen im Ausland generiert werden inkl. Minimumgarantien)*

Bereiche	Anteil am Gesamtumsatz
Inland	_______%
Ausland	_______%
Gesamt	**100 %**

1.9) NUR zu beantworten, wenn Sie in den entsprechenden Jahren Umsätze mit TV-Produktionen erzielt haben: Wie hat sich der von den Sendern gezahlte Produktionsminutenpreis im Vergleich zu 2011 entwickelt?

Formate	Entwicklung 2017 im Vergleich zu 2011					
	stark gestiegen	gestiegen	neutral	gesunken	stark gesunken	*weiß nicht*
TV-Fiction (Primetime):						
∟ TV-Film (mind. 60 Min.)	❍	❍	❍	❍	❍	❍
∟ TV-Serien	❍	❍	❍	❍	❍	❍
TV-Animation	❍	❍	❍	❍	❍	❍
TV-Unterhaltung*:						
∟ Show (Primetime)	❍	❍	❍	❍	❍	❍
∟ Factual Ent. / Reality (Daytime)	❍	❍	❍	❍	❍	❍
∟ Scripted Reality (Daytime)	❍	❍	❍	❍	❍	❍
TV-Doku:						
∟ TV-Dokumentation / Reportage (mind. 15 Min.)	❍	❍	❍	❍	❍	❍
∟ TV-Dokumentarfilm (mind. 60 Min.)	❍	❍	❍	❍	❍	❍
Sonstiges: ____________	❍	❍	❍	❍	❍	❍

* *(Abgrenzung TV-Unterhaltung: Showformate: z.B. Grill den Profi, Klein gegen Groß, The Voice of Germany, Wer wird Millionär?; Factual Entertainment / Reality: z.B. Bares für Rares, Der Bachelor, Frauentausch, Goodbye Deutschland, Kitchen Impossible; Scripted Reality: z.B. Achtung Kontrolle, Berlin – Tag & Nacht, Verklag mich doch!)*

1.10) Übernehmen Sie (zumindest zum Teil) auch das Marketing für Ihre Produktionen?

❍ Nein ❍ Ja, über folgende Marketingkanäle:
☐ Presse ☐ Social Media
☐ Fernsehen ☐ Influencer
☐ Hörfunk ☐ Sonstiges: ________________

Sollte Ihr Unternehmensumsatz im Jahr 2017 unter 100.000 € liegen, so sind die nachfolgenden Fragen nicht zu beantworten.

Wir danken Ihnen herzlich für die Teilnahme an der Umfrage!

2) Mitarbeiter

2.1) Bitte nennen Sie die Anzahl der Mitarbeiter, die im Juni 2017 bei Ihnen beschäftigt waren.

Mitarbeiter	Anzahl
Betriebszugehörig sozialversicherungspflichtig Beschäftigte:	
∟ in Vollzeit angestellt	_______
∟ in Teilzeit angestellt	_______
Betriebszugehörig geringfügig Beschäftigte	_______
Projektgebunden Beschäftigte *(bitte projektgebunden Beschäftigte nur einmal zählen)*:	
∟ befristet sozialversicherungspflichtig angestellt	_______
∟ selbstständig	_______

2.2) Bitte nennen Sie den Frauenanteil unter all Ihren betriebszugehörig und projektgebunden Beschäftigten für Juni 2017: _____% der Mitarbeiter.

2.3) Orientieren Sie sich am geltenden Tarifvertrag für Film- und Fernsehschaffende (*TV FFS 2016/17*)?

In Bezug auf:	immer	überwiegend	teils teils	selten	nie	*keine Antwort*
Arbeitszeitregelungen	❍	❍	❍	❍	❍	❍
Mindestgagen	❍	❍	❍	❍	❍	❍

Grundsätzlich orientiere ich mich am TV FFS, aber nicht bei folgenden Gewerken: ____________________

____

2.4) Ist Ihr Unternehmen tarifgebunden? ❍ Ja ❍ Nein

3) Standortbewertung

3.1) Nachfolgend möchten wir von Ihnen erfahren, wie Sie Ihren Hauptstandort hinsichtlich der folgenden Faktoren bewerten, und welche Bedeutung für Ihr Unternehmen Sie den einzelnen Faktoren beimessen.
Bitte nennen Sie die Stadt, für die Sie die Standortbewertung durchführen: ____________________

Standortfaktoren	Bedeutung						Bewertung					
	sehr wichtig	eher wichtig	neutral	eher unwichtig	sehr unwichtig	*weiß nicht*	sehr gut	eher gut	neutral	eher schlecht	sehr schlecht	*weiß nicht*
Produktionsinfrastruktur *(z.B. Nähe zu Dienstleistern)*	❍	❍	❍	❍	❍	❍	❍	❍	❍	❍	❍	❍
(Verkehrs-) Technische Infrastruktur	❍	❍	❍	❍	❍	❍	❍	❍	❍	❍	❍	❍
Existenz anderer Produktionsfirmen	❍	❍	❍	❍	❍	❍	❍	❍	❍	❍	❍	❍
Existenz anderer Kreativbranchen	❍	❍	❍	❍	❍	❍	❍	❍	❍	❍	❍	❍
Nähe zu Kunden	❍	❍	❍	❍	❍	❍	❍	❍	❍	❍	❍	❍
Länderförderung	❍	❍	❍	❍	❍	❍	❍	❍	❍	❍	❍	❍
Internationalität	❍	❍	❍	❍	❍	❍	❍	❍	❍	❍	❍	❍
Verfügbarkeit qualifizierten Personals	❍	❍	❍	❍	❍	❍	❍	❍	❍	❍	❍	❍
Verfügbarkeit von Drehorten	❍	❍	❍	❍	❍	❍	❍	❍	❍	❍	❍	❍
Kooperation mit Behörden	❍	❍	❍	❍	❍	❍	❍	❍	❍	❍	❍	❍
Miet-, Lebenshaltungskosten	❍	❍	❍	❍	❍	❍	❍	❍	❍	❍	❍	❍
Personalkosten	❍	❍	❍	❍	❍	❍	❍	❍	❍	❍	❍	❍
Lebensqualität, Freizeit-/Kulturangebot	❍	❍	❍	❍	❍	❍	❍	❍	❍	❍	❍	❍
Standort-Image	❍	❍	❍	❍	❍	❍	❍	❍	❍	❍	❍	❍
Sonstiges: ____________________	❍	❍	❍	❍	❍	❍	❍	❍	❍	❍	❍	❍

4) Projektbezogene Fragen

Bitte beantworten Sie die nachfolgenden Fragen für die erste im Jahr 2017 fertiggestellte audiovisuelle Produktion mit einer Laufzeit von mind. 30 Minuten.

Sollte es sich um ein serielles Format handeln, tätigen Sie die Angaben bitte für alle 2017 fertiggestellten Folgen der gesamten Staffel.
Die Produktion kann 2016 begonnen worden sein.

4.1) Bitte geben Sie die Laufzeit der Produktion an sowie im Falle eines seriellen Formats die Anzahl der Folgen, die 2017 fertig gestellt worden sind.

	Format / Anzahl	Laufzeit
❍	**Einzelproduktion**	________ Minuten
❍	**Serielle Produktion:** ___ *(Anzahl)* **2017 fertiggestellte Folgen**	
	∟einzelne Folge	________ Minuten
	∟gesamte Staffel	________ Minuten

 4

4.2) Bitte geben Sie das Genre der Produktion an.

Plattform	Genre			Animation/Realfilm	
Kino:	❍ Dokumentarfilm	❍ Fiction/Spielfilm	❍ Kinderfilm	❍ Animation	❍ Realfilm
TV:	❍ TV-Film	❍ TV-Serie		❍ Animation	❍ Realfilm
	❍ Show	❍ Factual Ent./ Reality	❍ Scripted Reality		
	❍ TV-Dokumentation / Reportage		❍ TV-Dokumentarfilm		
VoD:	Genre: ___			❍ Animation	❍ Realfilm
Virtual Reality:	Genre: ___			❍ Animation	❍ Realfilm
Augmented Reality:	Genre: ___			❍ Animation	❍ Realfilm
Sonstiges:	Genre: ___			❍ Animation	❍ Realfilm

4.3) Wie stark war Ihre persönliche, kreative Mitwirkung als Produzent an dieser Produktion?

	sehr hoch	eher hoch	neutral	eher gering	sehr gering	*weiß nicht*
Meine kreative Mitwirkung war:	❍	❍	❍	❍	❍	❍

4.4) Bitte geben Sie die Höhe der Herstellungskosten (inkl. HU und Gewinn) an und die Verteilung auf deutsche und ausländische Herstellungskosten im Falle einer internationalen Produktion.

Herstellungskosten	Betrag
Deutsche Herstellungskosten	___ €
Ausländische Herstellungskosten	___ €
Gesamt	___ €

4.5) Wie teilen sich die Herstellungskosten (gem. Kalkulation) auf?

Produktionskosten	Anteil
Personalkosten	___ %
Sonstige Kosten	___ %
Gesamt	**100 %**

IM FALLE EINER KINOPRODUKTION:

4.6) Welche der folgenden Finanzierungsquellen haben Sie für dieses Projekt genutzt?

Finanzierungsquellen	Kostenanteil
Eigenanteil	___ %
TV-Sender: ___	___ %
Plattformen *(z.B. Amazon)*: ___	___ %
Förderinstitutionen:	
∟FFA	___ %
∟DFFF	___ %
∟Länderförderung(en) *(Einzelfördersummen bitte zusammenfassen)*	___ %
∟BKM Kulturförderfonds	___ %
∟Deutsche(r) Filmpreis(e) *(Einzelfördersummen bitte zusammenfassen)*	___ %
∟German Motion Picture Fund (GMPF)	___ %
∟EURIMAGES	___ %
∟MEDIA-Programm	___ %
∟Sonstige Förderung: ___	___ %
Weltvertrieb *(Minimumgarantie / Lizenzgebühr)*: ___	___ %
Verleih oder Vertrieb *(Minimumgarantie / Lizenzgebühr)*: ___	___ %
Weitere (Ko-) Produzenten (bitte nennen):	
∟Produktionsunternehmen: ___ Land: ___	___ %
∟Produktionsunternehmen: ___ Land: ___	___ %
∟Produktionsunternehmen: ___ Land: ___	___ %
Weitere Parteien *(z.B. Industriepartner)*: ___	___ %
Gesamt	**100 %**

4.7) Wie verteilen sich die Personalkosten auf die Bereiche „Above the Line" und „Below the Line"? *(Above the Line: z.B. Autoren, Regisseure, Schauspieler, Komponisten, Produzentenstab, Casting; Below the Line: z.B. Produktionsstab, Komparsen, Kamera, Licht, Ton, Ausstattung, Versicherungen, Mieten)*

Personalkosten	Anteil
∟Above the Line	______ %
∟Below the Line	______ %
Gesamt	**100 %**

4.8) Für wie viele Jahre wurden die Kinovorführungsrechte an einen Kinoverleih lizenziert? _____ Jahre

4.9) Wurde ein sogenannter Korridor vereinbart? *(Beteiligung des Produzenten an Verleiheinnahmen vor Rückdeckung der Verleihkosten)*

❍ Ja ❍ Nein

IM FALLE EINER VOLLFINANZIERTEN TV-AUFTRAGSPRODUKTION:

4.10) Hat der Auftraggeber sämtliche Nutzungsrechte an der Produktion erworben (Buy-out)?

❍ Ja ❍ Nein, wir haben folgende Rechte behalten: ______________________________

4.11) Hat Ihr Unternehmen Erlösbeteiligungen aus Erlösansprüchen erhalten?

❍ Nein, unser Unternehmen hat keine Erlösansprüche.

❍ Ja, ...

☐ ... unser Unternehmen hat Erlösansprüche aus der Auswertung folgender Nutzungsrechte (z.B. Pay-TV):

____

☐ ... unserem Unternehmen wurden Erlösbeteiligungen aus Erlösansprüchen ausgezahlt.

4.12) Erhält Ihr Unternehmen eine erfolgsabhängige Zahlung (Bonus)? ❍ Ja ❍ Nein

4.13) Wurden trotz vertraglich vereinbarter Vollfinanzierung nicht alle Herstellungskosten vom Sender getragen? *(Mehrfachantworten möglich)*

❍ Nein ❍ Ja, mein Unternehmen hat ____ % der Herstellungskosten getragen und diese Differenz wie folgt aufgefangen *(Mehrfachantworten möglich)*:

☐ Verringerung des eigenen Gewinns

☐ Einsparungen bei der Produktion

☐ Sonstiges: ______________________________

IM FALLE EINER TEILFINANZIERTEN TV-AUFTRAGS-, TV-EIGEN- ODER TV-KOPRODUKTION:

4.14) Welche der folgenden Finanzierungsquellen haben Sie für dieses Projekt genutzt?

Finanzierungsquellen	Kostenanteil
Eigenanteil	______ %
TV-Sender: ______________________________	______ %
Plattformen *(z.B. Amazon)*: ______________________________	______ %
Förderung: ______________________________	______ %
Koproduzenten: ______________________________	______ %
Kompensation in Form von Verwertungsrechten und/oder Erlösansprüchen	______ %
Weitere Parteien / Sonstiges: ______________________________	______ %
Gesamt	**100 %**

4.15) Für wie viele Jahre wurden die TV-Lizenzrechte vergeben? _______ Jahre

4.16) Wurden Senderechte auf ein Lizenzgebiet beschränkt? ❍ Ja ❍ Nein

4.17) Welche Nebenrechte wurden an den mitfinanzierenden deutschen Sender vergeben? *(z.B. kommerzielle Online-Rechte, Klammerteilrechte, Merchandisingrechte, Tonträgerrechte, Musikverlagsrechte, DVD-Rechte, Rechte für Games, Auslandsvertriebsrechte)*

____

4.18) An welchen Nebenrechten wird Ihr Unternehmen bei der Auswertung beteiligt?

____

Haben Sie noch Hinweise oder Anmerkungen zu dieser Umfrage?

Vielen Dank für Ihre Teilnahme!

Die Autoren

Oliver Castendyk, (London School of Economics) ist Partner der Kanzlei Brehm & von Moers in Berlin und Direktor des Forschungs- und Kompetenzzentrums Audiovisuelle Medien (FoKo) an der HMS Hamburg Media School. Schwerpunkt seiner wissenschaftlichen Tätigkeit ist die empirische Betrachtung von Medienmärkten sowie die Analyse von digitalen Geschäftsmodellen an der Schnittstelle von Urheberrecht und Medienökonomie.
Er ist Koautor diverser medienökonomischer Studien wie *Die Computer- und Videospielindustrie in Deutschland* (2017), *Dienstleister für audiovisuelle Medien 1 und 2* (2013 und 2017), *Die deutsche Filmförderung. Eine Evaluation* (2009) u.a.

Prof. Dr. Klaus Goldhammer gründete 1998 Goldmedia und arbeitet als Managing Partner der Goldmedia am Standort Berlin. Goldmedia forscht und berät im Bereich Medien, Entertainment und Telekommunikation für den privaten Sektor wie auch für öffentliche Institutionen, wie die EU, Ministerien, Regulierer, Verbände und Organisationen.
Klaus Goldhammer ist seit 2011 Honorarprofessor für Medienökonomie an der Freien Universität Berlin. Er hat in Berlin und London Publizistik und Betriebswirtschaftslehre studiert.